高职大学生心理健康教育理论与实践研究

张艳君◎著

·长春·

图书在版编目（ＣＩＰ）数据

高职大学生心理健康教育理论与实践研究 / 张艳君
著 . -- 长春 : 吉林大学出版社 , 2022.5
　ISBN 978-7-5768-0817-9

　Ⅰ . ①高… Ⅱ . ①张… Ⅲ . ①高等职业教育－心理健
康－健康教育－教学研究 Ⅳ . ① G444

　中国版本图书馆 CIP 数据核字 (2022) 第 192060 号

书　　　名　高职大学生心理健康教育理论与实践研究
　　　　　　GAOZHI DAXUESHENG XINLI JIANKANG JIAOYU LILUN YU SHIJIAN YANJIU
作　　　者　张艳君　著
策划编辑　殷丽爽
责任编辑　董贵山
责任校对　矫　正
装帧设计　李文文
出版发行　吉林大学出版社
社　　　址　长春市人民大街 4059 号
邮政编码　130021
发行电话　0431-89580028/29/21
网　　　址　http:// www. jlup. com. cn
电子邮箱　jldxcbs@ sina. com
印　　　刷　天津和萱印刷有限公司
开　　　本　787mm×1092mm　1/16
印　　　张　11.5
字　　　数　200 千字
版　　　次　2023 年 1 月　第 1 版
印　　　次　2023 年 1 月　第 1 次
书　　　号　ISBN 978-7-5768-0817-9
定　　　价　72. 00 元

作者简介

张艳君，女，毕业于辽宁师范大学，所学专业为发展与教育心理学，硕士研究生学历，在科尔沁艺术职业学院工作，副教授，教师，从事心理健康教育方面的研究。教学和科研成果如下：

1. 教学获奖方面：2020年3月，荣获内蒙古自治区"教坛新秀"奖；2020年9月，被评为内蒙古自治区高校优秀思想政治理论课教师；2021年6月，在校级"线上课程"教学视频比赛中荣获一等奖。

2. 科研方面：省级以上刊物发表论文6篇，作为副主编参编了全国高等院校"十二五"精品规划教材《做最好的自己：心理健康与调节》，于2015年8月在东北大学出版社出版。从2014年4月开始，参与研究内蒙古自治区高等学校科学研究项目《高职艺术类大学生践行社会主义核心价值观之研究》，已结题；从2018年8月开始，参与研究内蒙古自治区教育科学研究"十三五"规划课题《少数民族艺术类大学生社会主义核心价值观认同现状调查研究》，在研阶段；从2019年11月开始，参与研究内蒙古自治区高等学校科学研究项目《大思政理念下高职公共课与人文素质教育的融合》，目前该项目处于在研阶段。

前　言

　　高等职业教育近年来的高速发展，为国家建设培养了大量高素质技能型人才。但在当今形势下，高职学生由于各种压力而产生的心理问题也日趋明显，甚至严重影响他们的学业及未来发展前景，进而影响到社会技能型人才的培养。要解决好高职学生的心理困惑，仅凭传统的理论讲解或知识传授是不够的。心理健康教育需要参与、体验、实践多方结合，贴近学生的实际需求，突出强调大学生心理健康教育理念的传播和积极心理的培养的重要性。

　　本书第一章为高职大学生心理健康概述，分别介绍了高职大学生常见的不健康心理及形成原因、高职大学生心理健康的筛查与标准、高职大学生心理健康的现状与问题三个方面的内容；第二章为高职大学生心理健康教育的理论基础，主要介绍了三个方面的内容，依次是高职大学生心理健康教育的基本内涵、高职大学生心理健康教育的原则与方法、高职大学生心理健康教育的主要理论；第三章为高职大学生心理健康教育的途径与对策，分别介绍了三个方面的内容，依次是高职大学生心理健康教育的现状、高职大学生心理健康教育的必要性、高职大学生心理健康教育的途径探索；第四章为高职大学生心理健康教育体系，依次介绍了高职大学生心理健康教育必修课、高职大学生心理健康教育活动、高职大学生心理咨询的流程与内容、高职大学生心理疏导方式与途径四个方面的内容；第五章为高职大学生人际交往能力的培养，主要介绍了四个方面的内容，分别是人际交往能力的概述、高职大学生人际交往中的常见问题、高职大学生人际交往的技巧、良好的人际关系构建对高职大学生的影响；第六章为情绪管理与情商培养，主要介绍了五个方面的内容，分别是情绪的概述、高职大学生常见的不良情绪及成因、高职大学生情绪管理的途径及对策、情商的概述和高职大学生情商的培养与提升途径；第七章为高职大学生就业心理研究，主要介绍了三个方面的内容，分别是高职大学生就业的理性认知、高职大学生常见的就业心理与调试和高职大学生健康就业心理的培养策略。

在撰写本书的过程中，作者得到了许多专家学者的帮助和指导，参考了大量的学术文献，在此表示真诚的感谢！

限于作者水平不足，加之时间仓促，本书难免存在一些疏漏，在此，恳请同行专家和读者朋友批评指正！

作者

2022 年 1 月

目　录

第一章　高职大学生心理健康概述

本章为高职大学生心理健康概述，主要围绕三个方面进行阐释，依次为高职大学生心理发展的特征、高职大学生心理健康的筛查与标准、高职大学生心理健康的现状与问题。

第一节　高职大学生常见的不健康心理及形成原因

一、高职大学生常见的不健康心理

（一）部分高职大学生存在逆反心理

逆反心理在高职大学生成长过程的不同阶段都有可能发生，并且有多种表现。所谓逆反心理在心理学上指客观环境与主体需要不相符合时产生的一种心理活动。高职大学生大部分由初中或高中生组成，他们的年龄在 15~18 岁之间，正处于成人前期。虽然他们的身体和认知能力有了很大的发展，但心理不够成熟、部分学生做事容易冲动、个性较强。他们的世界观、人生观、价值观虽初步形成，但心理承受能力和调节能力较弱。

1. 个性强

高职大学生年龄普遍偏小、心智很不成熟、个性比较鲜明、自我意识强，且易以自我为中心，他们较独立，不喜欢依赖别人。部分个性较强的同学容易产生逆反心理，而这种逆反心理的实质可能是自我表现的方式，也可能是保护自我。很多班主任对于这些个性较强的学生，常常不明白他们的心理，认为他们是一群不听话、不服管教的问题学生。其实班主任只要多了解一下他们的内心，找出产生这种心理的原因，相信许多问题都会迎刃而解。

2. 脾气大

部分学生不仅在思想上要求自由，自我意识较强，遇到事情情绪波动比较大，容易发脾气，而且在行动上还具有反抗性，常常以"暴力"的形式表现出来。比如老师让他做作业，他非但不听，还发脾气，用顶嘴或破坏物品等形式表示反抗。有时班主任找他谈心，他也不能平心静气地交流，甚至还曲解班主任的好意。这也是典型的逆反心理的表现。针对这些脾气暴躁的学生，班主任要学会用不同的方法区别对待，不能"以暴制暴"，需要长时间慢慢引导，春风化雨般地对待。因为他们想与班主任进行良好的沟通，不喜欢被批评，如果硬碰硬不但解决不了事情，更起不到教育的效果。

3. 排外性

有些学生有着很强的排外性，他们喜欢独处，不喜欢集体生活，享受孤独的生活，性格上有点孤僻。他们喜欢沉浸在自己的世界里，不喜欢被外界打扰，对外界的人和事比较冷漠。比如和他说话，他爱答不理、冷眼旁观。这类比较排外的学生也有着很强的逆反心理，班主任很难与这些学生真正地沟通交流和深入学生的内心世界，学生对班主任老师也是不信任的。这类学生的逆反心理一旦形成，就不会轻易转变。

（二）部分高职大学生心理不成熟、缺乏自信

高职大学生年龄上虽已达到法律意义上的成年，但他们的身心仍处在青年期，部分学生习惯以自己的标准去要求他人，无视人际关系，以自我为中心造成人际沟通障碍。有些学生自我认知不足，对完美主义者的矛盾认知、对错误放大化的关注、对自身极高的标准容错率，导致人际关系紧张、不允许自己失败、无法接受不完美的自己、挫败感高于常人、抗挫折能力极低，以至于某件事的失败会导致其出现负面情绪甚至被击垮。身体的成熟与心理的不成熟加上用脑的频繁性和复杂性，使部分学生丧失了自我认同感，一旦遇到他人的否定与指责就很容易消磨掉他们的信心。

（三）部分高职大学生存在自卑心理与物质攀比

高职大学生中不乏一些家庭条件优越的学生，也有需要申请助学贷款才能完成学业的学生。高职院校的住校制度按班级、学号、性别划分宿舍，混合式的住宿会让家庭条件较差的学生与家庭条件优越的学生共处一室，物质攀比的现象仍旧存在。高职院校很多是省内招生，很多学生来自不发达地区，群体间文化差异和生长环境的不同，使其难以融入宿舍群体，倘若没有良好的社交能力处理人际关系，就容易产生心理疾病。除此之外，高职教育总会被贴上"差生教育"的标签，

社会偏见也会让一些就读高职院校的学生存在"低人一等"的心理困惑，加上一些辅导员及任课教师有意无意的带有偏见的语言，加剧了他们的失落感，愈发让他们自卑、敏感与焦虑。

（四）部分高职大学生易受环境因素影响引发心理波动和冲突

部分大学生所处的心理阶段决定了高职大学生的心理问题主要集中在成长发展中的困惑与冲突，这些困惑与冲突在很大程度上是基于大学校园这一特定环境而引发的。从外向性上看，高职大学生心理健康问题具体表现为：

1. 自我判断失调

自我判断失调即同一性矛盾，在他们身上往往出现较为矛盾的自我评价，有时觉得自己能力很强，可以完成很多事情；有时又觉得自己一无是处，什么都做不好。

2. 情绪控制障碍

情绪不稳定、波动起伏较大、处事情绪化，容易陷入大喜大悲的情绪中难以平静。

3. 人际交往压力

交友圈子封闭，逃避社交，不能融入别人的话题圈，在热闹场合感到孤独；在人际交往中缺乏技巧，遇事易冲动，易引发冲突。

4. 适应能力差

环境的变化会引发压迫感，不能顺利地融入周遭环境。

5. 恋爱心理困惑

不能理性看待两性关系，恋爱中的一点小问题都会引起情绪的激烈变化。

6. 就业、择业困扰

对前途过度担忧以至于不能做好当下的事情，自信心不足，过分否定自我，遇到挫折易产生情绪上的波动。

二、高职大学生心理特征的形成原因

（一）社会环境的影响

现在社会环境复杂多变，随着科技的发展，互联网越来越发达，人们受社会发展与环境变化的影响也越来越大。面对复杂的环境，学生会感到新鲜刺激，但一部分学生对此缺乏理智的判断，无法分辨好坏，只是一股脑地接受。尤其一些不良的媒体内容腐蚀和迷惑着部分高职学生的心理，导致他们渐渐多疑、偏执、冷漠，甚至是不合群。当现实社会与他们这种张扬的个性产生冲突时，逆反心理就极易形成。这就是社会大环境对高职大学生心理特征形式的影响。

（二）学校教育的影响

一些高职院校属于自筹经费的民办院校，教师待遇较低，要配备一定数量的专业且专职的心理咨询教师难度很大，大多数院校会培训辅导员，让辅导员兼职心理健康导师的工作。但辅导员有大量的班级事务需要完成，难以及时追踪学生的心理健康动向，即便出现有心理问题的学生，辅导员也难以抛开繁重的行政事务进行全面的干预，帮助学生解决心理上的问题。

（三）家庭环境的影响

现在很多高职大学生来自单亲家庭，他们在一个不完整的家庭环境中长大，这对他们的心理或多或少地造成了影响。很多学生为此产生了很强的自卑心理，而为了掩饰这种自卑他们就把自己伪装得很强大，这是寻求一种自我保护的方式。而这种方式使他们变得不合群，比较自我，极易导致逆反心理的产生。还有一些学生的父母长年在外面工作，把孩子交给爷爷奶奶抚养，而爷爷奶奶对他们的过分溺爱，使他们没有任何束缚，一旦到了管理严格的学校，有了班主任的束缚，他们就极易产生逆反心理。学生心理特征的形成受不和谐的家庭氛围的影响，比如父母的分歧、争吵不休，让他们长期处于这种矛盾、紧张、焦虑、不安的环境中，导致他们早早地学会封闭自我，内心孤独，逆反心理就此形成。学生心理特征的形成还受父母过高的期望和简单粗暴的教育方式的影响，每个家长都"望子成龙""望女成凤"，对孩子有着很高的期望，希望他们样样第一，却忽视了他们的兴趣和能力，不懂他们内心真正的需要，当内心需要长期得不到满足时，一些学生就容易产生逆反心理。因此孩子的健康成长离不开良好的环境，而家庭环境尤为重要，为孩子创造一个健康、正常、温暖的环境才是对他们成长成才最有利的。

除此以外，高职大学生虽然已为成年人，但其仍受原生家庭影响，部分在不和谐的原生家庭成长的学生会带有一些负性情感。原生家庭的伤害所带来的情感体验会让他们在进行人际交往时更加谨慎、自私，多疑的性格和强烈的保护欲让他们对身边的人和事都难以建立信任感，往往容易变得偏激、固执、易怒、脾气暴躁和形成抑郁、猜疑、妒忌等负面情绪，为发生心理问题埋下隐患。家长的过度付出和较高期望甚至一些简单粗暴的管教方式，都会对学生性格的形成和自身价值观的建立产生重大影响。尤其当部分学生高考落榜来到高职院校时，会觉得辜负了父母期望，对自身能力产生怀疑甚至觉得自己一无是处，导致其在面对社交、学业、情感等问题时，容易产生较为偏激的想法，甚至会陷入一些奇怪的思维之中难以自拔。

（四）学生自身心理因素的影响

部分学生从初中进入高职校，心理也在发生着较大的变化，他们把自己当成一个大人，比较有自我意识，好奇心也强，大人越不允许的他们就越想做。而有的班主任却把他们当成小学生看待，处处管制他们的行为，这就使学生产生抵触心理，久而久之就产生逆反心理，到了一定的时候会通过某件事而爆发出来。所以有的班主任常常会遇到这样的问题，有的学生平时很听话的，让做什么就做什么，怎么一下子发起脾气来？这是由于这些班主任平时忽视了学生的心理，其实这个学生本来就有着很强的个性，先前只是忍着，现在积累到一定程度终于爆发了。

（五）学生认识问题偏差的影响

人对外界的认知是慢慢成熟起来的，高职大学生心理不成熟，社会经验又不足，对待问题不能公正、客观、全面地评价，他们常常带着自己的情感因素看待问题，缺乏正确的判断力，对外界多是抱怨和批评，久而久之容易出现极端。

心理冲突问题是现实困境的投影，而现实困境很大程度源于学生对社会化认识的不足，主要包括以下两个方面。

1.认知社会化不足

认知社会化不足即个体对自我和外界环境的认知不清晰，没能随社会环境的改变而及时更新。

其一，走出了以往中学阶段那种评价标准单一且明确的应试教育体系，学生初入大学这个小社会，不可避免地形成一种茫然感，这种茫然首先是源于对自我认识不清、目标模糊，不清楚自己想要什么、想要成为什么样的人、通过哪些努力可以达到目标，甚至出现同一性矛盾，或是眼高手低、盲目自信，或是"自卑到尘埃里"，这两种极端的自我认知很容易诱发焦虑、抑郁的心理问题。

其二，从高中过渡到大学，环境相对宽松、评价标准多元化，导致学生产生无所适从、飘忽不定的感觉。有的学生规则意识淡薄、行为无边界，在大学虚度光阴；有的学生则继续小心翼翼，承担了很多无谓的压力。不管是内究过程中的自我期望模糊，还是外探过程中的适应压力，都会引发大学生的心理问题。

2. 行为社会化不足

行为社会化不足主要是认知社会化不足在具体行为上的反应，而个体的具体行为主要是由其所扮演的社会角色决定的。对高职大学生的社会角色进行一个简单的界定和区分，首先是朋辈之间的关系。不少高职大学生沟通能力欠缺，在与同学、朋友交往时遇到冲突和矛盾倾向于采取冷战或者暴力这种极端的方式，导致问题愈演愈烈，轻者会愤怒感积累、失眠加重，重者甚至可能威胁生命安全。其次是恋人之间的关系。恋爱关系本身是现实的，但有的同学看待恋爱关系过于感性化和理想化，比如有的同学渴求恋爱但"爱而不得"，陷入自我否定的恶性循环中；有的同学在恋爱关系中把握不好尺度，过多的控制欲或者卑微感会使恋爱关系失衡甚至破碎；有的同学在恋爱关系中一旦出现冲突就采取冷暴力的态度，从而使矛盾激化。再次是家庭关系。父母的过度干涉、过分忽略、孩子的不被理解或是将家长间的冲突转嫁到孩子身上，都极容易引发学生的心理危机。最后是与外界的社会关系。这层关系在毕业生面临就业时表现得异常突出，有的毕业生在找工作时会有社交恐惧障碍，不知如何和对方沟通，从而产生焦虑心理，而这很大程度上是源于职业准备不足及社会化意识的不充分。

第二节　高职大学生心理健康的筛查与标准

一、高职学生基本心理健康素养的筛查与分析

（一）高职大学心理健康状况筛查得出的总体现状

高职大学新生进入院校求学，必将会面临离家独立生活、集体宿舍住宿等一系列环境和生活习惯的转变，部分学生还会面临跨地域之后亟待适应地方气候及饮食文化、风俗习惯等问题。据某地区高职院校对大学新生心理健康水平的研究，2019级大学新生的强迫症状、焦虑、恐怖、精神病性这几个因子明显高于全国常模，总均分比全国常模略高。这些数据激起整个社会对高职大学生心理健康问题的关注的同时，无不提醒我们，学生有出现个体化现象的可能性，分数与实际情况是否存在完全一致性，需要进一步思考，而不能"一刀切"。

（二）高职大学生心理健康常用筛查方法

在高职大学生心理健康教育的工作中，我们往往会对新生入学时的心理健康水平调查进行重点关注，通过一定的心理状况测评手段，将人群心理健康程度大致划分，判断出所需重点关注的新生人群，并借用此数据为新生进行心理健康档案建档，为这一群体在之后可能出现的行为表现做一大致预判。由于新生入校时需要在不影响其日常大学生活的状况下，快速筛查，勾勒出一个大致的心理健康状况群像，因此，大多数情况下会采用自评量表或调查问卷测评作为首选，使用最多的量表为症状自评量表、焦虑自评量表、抑郁自评量表和生活事件量表。最后，将心理亚健康或可能出现心理健康问题的高危人群结合实际情况通过明尼苏达多项人格测验量表、卡特尔 16 项个性因素量表，以及艾森克个性问卷进行筛选甄别，对重度危险无法正常进行求学的人群，以上述测试结果为依据，综合评定学生实际表现，决定心理状态划分。

（三）高职大学生心理健康常用筛查方法的弊端

新入学的高职大学生，应用基础自评量表或部分调查问卷的心理评测作为主要筛查工具，虽然可以给到我们一个心理亚健康状态或中重度心理问题的群体名单，但量表结果大都以分数高低来表达其可能的实际心理状态。通过这些单一的标准化分数我们只能浅显了解到他可能的外在表象，盲目去推测其可能存在的问题，实际上不能否认学生个体化情况的存在，如其测试结果焦虑抑郁得分比较高，这一结果表明学生可能会有抑郁，或者焦虑倾向，实际上，通过对同班、同宿舍同学了解及本人沟通后，综合评判，发现学生可能并未出现上述我们猜想的这些症状或少部分出现了比猜想症状更为严重的状况。还有的学生出现结果分数一切正常，但屡屡出现偏差的行为，造成了教学秩序混乱，对部分学生的日常生活造成了极大困扰。这一分数与实际表现出现的非一致性，可能是学生对问卷调查及心理测评的方式抵触，没有认真对待随机填入选项，造成结果偏差。也不排除新生对测评结果莫名恐慌，在问卷中选择偏向心理健康选项的内容，美化结果。心理测评的标准化分数本是我们判断学生的心理健康状态的参考，但在学生工作的实际操作中，往往会仅依靠标准化分数，放弃调取该生的学籍档案了解其基础信息，加上学生的外在表现与测评结果的不一致，作为校方也往往难以进行贴身观察，对学生怎样出现的各种表现的和出现这些表现的根本性原因，无从知晓。为实际需要进一步面谈或量表评估学生的关注工作，产生了巨大的阻力。学生往往可能会因迫于其他同学议论的压力、自我心理状态的恐慌而抵触心理健康帮助。

如此校方无法全面了解该生的实际心理情况，更无从谈起为其提供针对性的精准化帮助。

二、现阶段高职大学生心理健康标准

（一）保持积极且可控的情绪

在后疫情时代，高职大学生应该正确处理各种因素导致的负面情绪，能察觉到自己正在被负面情绪所影响，并努力摆脱负面情绪，懂得利用正面情绪来强化动机。积极的情绪应该多于消极的情绪，主导的心境应是平和、乐观、愉悦的。有自制力与意志力，能控制自己的行为，为实现目标而做出行动，停止或减少无益行为，不做伤害他人和自己的行为。

积极的心理及情绪主要表现为以下几个方面。

1. 开放的自我接纳的心态

自我接纳是对自己的一种肯定，能接受自己的优点、能接纳自己的缺点，即能坦然面对现实。自我接纳包括悦纳自己，即能接受自己身体、性格或能力等方面的正向价值，也包括接纳自己身体、能力等方面的缺陷。能在面对真实自己的过程中对自己的认知不断提高，能以积极的心态面对自己及社会的人和事，能接受不同观念的人和事并愿意成长。

2. 积极乐观的生活态度

乐观是人的一种品格，是长期生活过程中形成的对自己的一种释放，不论生活中的成功或失败，都能及时总结原因并沉稳应对。乐观的生活态度能使学生将生活中的挫折、消极体验等转变为暂时因素影响，把生活中的成功及积极体验归结为人格的影响。乐观是一种精神面貌，利于高职大学生缓解压力、利于高职大学生在逆境中成长，进而形成健康心理。

3. 主体情绪的积极性

情绪是影响人生活的关键因素，积极情绪常与愉悦的体验相关。但是人的情绪是由积极及消极两方面组成的，相关研究显示，一个高效的团队主要凭借其高积极率取得成功。在高效团队中，积极情绪与消极情绪的比例大概在 6 ∶ 1，而一个低效团队中的积极情绪与消极情绪的比例大概在 1 ∶ 1。积极情绪是基于积极心理学背景下高职大学生心理健康的主要标准之一，积极情绪能拓展高职大学生的思维和行动，能帮助高职大学生取得成功，获得成就感。

4. 生活的希望和意义

希望是逆境中支持一个人坚持的特定情绪，当高职大学生对未来充满希望时，他身体的精神力量能帮助其有效应对暂时的压力和不幸。教师在对高职大学生进行心理健康教育时，只有将其培养成为对未来充满希望的个体，才能使其获得希望和意义，使高职大学生形成完善的人格，进而体验生活的幸福感。

5. 充满爱和共情力

共情力主要是能站在他人的角度思考问题，能认同他人，接受他人的意见，并能与他人达成共鸣。基于积极学视角的心理健康的人，在对自我进行高度接纳的基础上，能对周围的人进行接纳，并在了解自己情绪的基础上了解其他人的情绪，对他人进行关爱。

6. 良好的人际关系和安全感

安全感是人对身体或心理出现危机时的一种感受，心理健康的人能对这种危机进行控制，不会对他人产生敌意，不会猜忌他人、不会漠视他人。心理健康的人的人际关系是协调的、和谐的，因为人是社会属性的人，需要生活在各种人际关系中。当高职大学生拥有良好的人际关系时，就可以对他人产生信任、依赖、忠诚等情感，比较有安全感。

（二）拥有良好的道德观念

良好的道德观念应是符合社会主流的道德观念。我国是以社会主义核心价值观为引领，心理健康的高职大学生，应当践行并内化社会主义核心价值观，爱国爱党，懂得尊重他人，具备同理心与同情心，有美德有操守。在后疫情时代，大学生应该带头响应政策法规，遵守公序良俗，对他人的付出予以肯定。

（三）提高自身的学习素养

高职大学生应具备碎片化学习的意识与能力。在完成学业方面，心理健康的高职大学生应该朝气蓬勃、锐意进取，对自己的大学生活有较高的自我管理意识和较为清晰的人生规划；能以积极的心态参与学习、社团、社会实践、实习等活动，渴望表现自己积极向上的一面；能克服惰性，主动培养自己对学习的兴趣、探索学习方法，进行自主学习与自我激励；能应对学业压力与挫败感并进行改善；能坚定信心、突破自我，增强意志力与执行力，正确面对生活中遇到的艰难险阻。在生理学角度，能集中并保持注意力、记忆力以满足学业要求，能规律作息，保证足够的睡眠时间与睡眠质量，思维敏捷、思路清晰，有较强的逻辑思维能力，精力充沛，正常完成学业不过分感到疲惫。

（四）建立健康的社交

在社交不断网络化的后疫情时代，高职大学生应妥善处理网络社交与现实社交的关系，清醒、理智地看待网络社交，不在网络社交的伪装与虚拟中迷失自己，不沉迷成瘾，少接触与传播负能量。加强现实社交，了解与他人的权利和义务，对与他人关系中自己所处的位置有准确把握，能客观了解他人、关心他人，并对其进行诚心地赞美和善意的批评。积极地进行沟通，并保持自身人格的完整性。

第三节　高职大学生心理健康的现状与问题

一、高职大学生心理健康的现状

（一）高职大学生普遍就业压力大

因就业产生的心理问题，是职业院校学生的主要心理问题。而且，不同年级的就业压力不同，尤其以三年级压力最大。一些三年级学生求职遇挫，造成失眠、焦虑等心理问题；有一些学生因求职失败而自暴自弃，逃避社会现实；还有一些学生因缺乏自信心、缺乏对工作的客观认识，产生了严重的自卑心理。究其原因，一方面是职业院校的社会地位所导致的，当今社会对职业院校和专科学历带有一定的偏见，对学生的心理健康和职业发展产生了负面影响；另一方面是社会环境所导致的，职业院校学生求职就业竞争力较差，随着经济形势下滑，就业压力不断加大，企业用工需求缩减，加剧了学生的心理压力。

（二）高职大学生的学风问题

职业院校的学生学习成绩相对较差，很多学生抱着"混"的心态，对学习抵触、抱有得过且过的心理。很多学生出现了厌学、没有自己的学业规划、没有明确的学习目标、没有形成良好的学习习惯等情况，这些都是"畸形"的学习现象，学生的学习心理问题较大。这主要根源于职业院校社会地位不高，在录取批次中处于最后，还存在单独招生入学或注册入学的情况。因此，学生的生源质量不高，导致了学风问题一直是职业院校的"难题"。

（三）高职大学生人际交往方面欠缺

人际交往方面主要表现在学生自视甚低，不愿意主动进行人际交往，内心敏感甚至自卑。这主要是因为学生中独生子女多，以自我为中心的心态容易与他人产生矛盾。另外，部分学生觉得在职业院校念书是一件丢人的事，因此面对别人时会存在自卑心理。如果不加以引导，很容易造成心理失衡现象，引发嫉妒、愤恨、人际关系破裂等问题。

（四）部分高职大学生因贫富差距导致心理失衡

当前，"赶新潮"和"攀比"等现象在学生中普遍存在。一些家庭贫困的学生，不仅要承担经济困难的心理压力，还要承受学费和生活费不足的心理压力，更容易产生心理问题。针对一些有贫困证明的学生，通过观察这些学生的行为，发现他们存在一定的社交逃避心理，更愿意"独来独往"。经济贫困造成的心理贫困，让一些学生容易产生偏执行为和敌对心理。

二、高职大学生基本心理健康素养的问题及对策

（一）高职大学生基本心理健康素养的问题

1. 高职大学生心理健康知识获取不均衡

来自城镇地区学生的心理健康知识的知晓情况明显优于农村地区，非贫困生的知晓情况优于贫困生。在来到大学自主拥有手机等互联网资源前，农村地区的贫困生获取心理健康知识大多通过父母、教师、朋友和书籍等，但由于经济基础、父母文化程度、教学内容、教师水平或医疗水平低于城镇的非贫困生，造成其少有机会获取科学专业的心理健康知识。再者，女生心理健康知识知晓情况优于男生，近几年性别文化等带来了对女生的差异性关注，高职院校常利用女生节、母亲节等开展女生心理健康宣教活动，而忽视了男生在心理健康知识方面的需求。因此，在做好全体普适性知识科普的同时，需要加强分类关注，重视不同学生的知识获取情况。

2. 高职大学生对心理健康认识不足

很多高职大学生不能正确地认识心理健康这个名词，甚至对心理咨询也是敬而远之。部分高职大学生认为如果自己被诊断出有心理问题，是一件难以启齿的事情，甚至认为自己异于常人。没有心理健康知识的引导，会导致这类高职学生隐藏自身存在的问题。还有部分高职大学生在得知自己的心理问题后，不能及时

地接受心理治疗或者对心理治疗存在抗拒，对于心理治疗的效果也是急于求成。而这些面对心理问题的态度都不利于高职大学生尽早解决心理问题。在高职院校中还存在一类现象，即普通学生对于接受过心理咨询的学生过分关注，导致接受咨询的学生压力增大，引发不良效果，这也表明整个高职大学生群体对于心理健康知识的缺乏。在现在这个快节奏的社会当中，每个人或多或少都会有些心理失衡的情况，及时发现并积极解决是对待心理健康的正确态度，反之如果对心理健康认识不足很有可能会引发更严重的心理疾病。

3. 高职大学生心理健康自助及助人水平需提高

与本科院校学生不同，高职大学生在人际交往上更倾于外向，亲社会性更强，但由于心理健康专业知识储备、维护健康与应对危机的实际技能不够，即使拥有较高的心理健康意识却不能有效地助人与自助。再者，部分高职大学生由于处在敏感的青春期，且缺乏对网络信息的甄别能力，对帮助他人有意愿但也有畏惧。因此，在做好日常心理健康教育活动的同时，相比提升心理健康意识的目标，传播心理健康知识与技能显得更为迫切。

（二）基本心理健康素养提升策略

1. 凝聚多方力量，全员提升基本心理健康素养

全员助力：高职大学生基本心理健康素养的提升需要校内校外、上层下层、教师朋辈三方力量的相互结合，形成"专家—领导—教师—朋辈"四股合力，才能在提升基本心理健康素养过程中，达到内外融通、上下一心、师生共进的育人效果。首先，挖掘、争取校外精神专科医院、其他优质高职院校资源，邀请医生、教育专家等入校或开设线上线下课堂，充分发挥其在危机预防与干预、家长沟通与科普、师生宣教等方面的重要作用。其次，通过各种汇报、总结、反馈等机会，传播重要会议精神与素养现状，达成领导、师生思想一致，逐步转变心理健康工作理念，形成机制体系，注重提升全员的基本心理健康素养，尤其是心理健康知识与技能的普及。最后，充分发挥心理委员、心理宣讲员和寝室信息员等朋辈在心理健康知识普及时的重要作用，带领他们将知识与技能融入普通学生的文化活动、日常交往、课业学习中，同时不断提升自身的助人与自助能力。

全员参与：通过调查分析发现，学生在知识与技能方面的差异需要我们在日常的心理健康宣教过程中，不仅要做好课堂、日常时的普适性教育，更需要针对男生、贫困生等开展针对性强的重点分类科普与体验活动。同时，考虑到如贫困生的自卑心较强、自我获得感较弱等特点，设计更具亲和力、趣味性的技能互动

活动，增强宣教效果。

2. 融合多个课堂，全方位提升基本心理健康素养

提升基本心理健康素养的工作从实质上而言属于思想政治教育工作的重要内容，因此，基本心理健康素养的全面提升需结合本校思政工作平台，创新开拓载体与项目。以温州职业技术学院为例，学校在施行基本心理健康素养提升的行动中，融通以"心理健康教育课程"为主的第一课堂、以"心理健康教育活动"为体的第二课堂和以"心理健康教育服务"为要的第三课堂，将三个课堂的教育教学以不同形式纳入人才培养方案，在第一课堂开设线上线下素养知识专题课程内容，在第二课堂开展对应第一课堂知识的体验活动，在第三课堂强化助人自助服务，全方位提升本校学生的基本心理健康素养。

途径全方位：依据全面提升学生基本心理健康素养的目标，对心理健康教育课程的教学目标进行修整，结合专业前沿的科学知识与学生知识薄弱点，对课程结构与内容进行重构，依据不同高职学生的特点，实施更具互动性、体验感、信息化的教学策略和教学方法；拍摄或制作学生喜闻乐见的科普宣传视频，挖掘网络阵地的强大力量，通过公众号、网站、微博等发布好声音、好活动、好文章。

内容全方位：通过调查发现，学生对心理疾病的预防等方面知识较缺乏，对一些如惊恐障碍、疑病症等疾病的认识较少，同时对疾病的认知大多仍停留在知晓的初步阶段，对具体的疾病症状、预防干预等基本不详，且易受网络片面信息的干扰。因此，可以分专题、分模块进行宣教活动，制作手册、科普作品等，将一些常用的心理健康知识与预防干预技巧、助人技巧做系统性的讲解。

3. 挖掘多个视角，全过程提升基本心理健康素养

不同高职院校的学生基本心理健康素养可能存在不同，在专业、地域、心理健康教育基础、心理特点与品质等方面呈现不同的特点。因此，在启动素养提升计划前，应在把握全局规律的基础上做好本校基本心理健康素养现状的科学调查，从而做到有的放矢，并且依据本校行政管理、思政工作的特点有效推进；同时，在提升过程中运用本校的数据平台，做好数据的采集与反馈，可通过比较本科院校学生的健康素养情况、优秀校友提升策略、基本心理健康素养与其他心理品质的关系等角度，寻找更能聚焦、更有特色、更有效果的本校基本心理健康素养提升方案。

（三）基本心理健康素养提升的具体途径

1. 教师采取丰富的课堂教学

高职院校心理健康教育课程是融知识传授、心理体验与行为训练为一体的公共必修课程，不仅要让学生掌握心理健康知识，更重要的是培养学生的自我认知能力、心理调适能力和心理发展能力。课堂教学是高职院校心理健康教育的主渠道，教师要充分运用书刊、影视、网络、测评工具等丰富的教学资源，积极采用案例分析、小组讨论、心理测试、团体训练、情境表演、角色扮演、体验活动等灵活的教学方法，以解决心理健康筛查发现的发展性、潜在性、普适性心理问题为重点目标，开展系统、全面的心理健康教学活动。

2. 针对性开展团体心理辅导与训练

团体心理辅导与训练，在学校心理健康教育工作中具有重要的作用。可以针对心理健康筛查中发现的集中性、群体性问题，利用校内或聘请校外心理专家开展专题辅导与训练。比如疫情防控期间男生在躯体化、自伤行为维度上心理问题表现显著，女生在敏感、冲动、睡眠困难维度上表现显著，抑郁、自卑、网络成瘾等维度持续表现显著，均可聘请业内专家或培训校内教师聚焦某些方向，制定专项方案，重点缓解二级心理问题。也可通过建立心理疾病科普小组，人际焦虑小组，观念引导小组，学习、工作压力小组，音乐治疗小组等小型团体，以朋辈心理互助和教师心理辅导结合的方式，增强学生的心理素质。

3. 提高心理咨询服务专业化水平

心理咨询是一对一、面对面的心灵交流。学校咨询机构的来访者一般都是处于某种心理困扰、障碍甚至病状之中在个体人际环境中不能实现疗愈而不得不寻求心理帮助的学生，达到了心理健康筛查的二级及以上心理问题程度。接待者的态度、咨询师的能力和咨询室环境的专业性对来访者心理健康的影响不容轻视，尤其是心理咨询师必须富于人文关怀、履行保密义务、熟悉业务流程、具有专业能力，同时要坚持业务学习、认真开展咨询、积累经验、接受督导，不断提升自己的专业水平。只有如此，心理咨询师才能担当起高职学生来访者心灵导师的重要角色。

4. 建立心理危机预警防控体系

高职院校应建立学校、院系、班级、宿舍四级预警防控体系，制定心理危机干预工作预案，做好对心理危机学生的跟踪服务。对于在心理健康筛查中发现的具有一级心理问题特征的高职大学生，要综合利用各种专项心理测评量表进行深度复查，通过师生访谈进一步确认，列入预警名单，实行精准施策，因材施教，在关心呵护和暖心帮扶中开展心理疏导。畅通与专业心理治疗机构转介通道，及时转介疑似严重心理疾病学生到专业机构接受治疗。

5. 做好高职大学生心理健康教育保障工作

高职大学生心理健康教育工作做得好不好，高职院校决策层重视与否是关键因素。要形成以专职教师为骨干、以兼职教师为补充，专兼结合、专业互补、相对稳定、素质良好的心理健康教育师资队伍，支持教师参加专业培训和学术会议，定期接受心理督导；把心理咨询、团体辅导、危机干预等工作纳入教师工作考核体系；保障心理健康教育工作专项经费，配备必要的办公场地和设备；切实加强统一领导和统筹规划，推动高职大学生心理健康教育工作，促进高职大学生心理健康素质与思想道德素质、科学文化素质协调发展。

三、高职大学生就业心理存在的问题及对策

（一）就业心理特点类型

高职大学生就业心理特点结合高职生就业心理状况，其特点体现在以下三方面：

1. 积极型

根据高职大学生的基本特点，部分学生具有较强的就业欲望，在日常学习中，会注重这方面能力的锻炼，通过锻炼实践提高就业素养，为职业发展提供保障。

2. 现实型

对于高职大学生而言，一些人在就业选择中较为注重收入，部分学生注重未来的发展，如果这类学生的既定目标发生偏差，就会影响就业选择。

3. 自卑型

对这部分高职大学生而言，由于自信心缺乏，在就业选择中，通常缺少明确的目标，即使单位工作不符合预期，也不会影响从业选择。

（二）就业心理存在的问题

1. 大环境负性情绪的影响

结合高职大学生就业现状，学生在成长中虽然对职业发展有着清晰的认识，但是，由于就业环境的特殊性，部分学生在这种环境下会出现较为明显的负性情绪。而且，不同阶段的学生表现的心理认知也不同：第一，对大一学生，在这一

阶段的学习中，对未来的职业发展具有一定的期望；第二，大二阶段，由于不断成长，学生会认识到就业市场的欠缺性，出现了"等、靠、要"等不良心理，这种情况下会使学生消极对待职业发展，影响职业素养；第三，到了大三阶段，学生认识到了就业的问题，但是，在面对社会及职业规划中，会出现焦虑的心理认知，这种情况下会影响学生的认识，出现职业发展及职业规划不合理的问题。

（1）焦虑问题

焦虑是一种常见的情绪状态，面对一件相对重要的事情时，由于担心结果或者准备不够充分时，就会出现紧张担心的情绪。疫情防控期间广大毕业生由于就业受到影响，面对全国 800 多万的竞争对手，打乱了求职计划，尤其是一些特招、专招，一心为某个单位、某个职位做了大量准备的学生，当得知不能按照原计划进行时就会出现焦虑的心理问题。

（2）抑郁问题

抑郁往往伴随焦虑问题，一些高职大学生就业不理想、不顺利，经历了失败和挫折后很容易出现不适宜的心理，如以偏概全、糟糕至极等，不能接受失败和现状，出现抑郁、意志低沉、悲观厌世等消极情绪和心理问题，如问题得不到解决，情绪长期积压下去就会出现抑郁。

2. 职业规划认知的影响

通过对高职大学生就业现状的分析，在就业选择中，大部分学生会按照自己的喜好选择职业，导致职业选择出现盲目性。如部分学生在职业选择时，缺少理性思维，对应聘单位的了解及认知不足，无论职位是否适合自己，都会盲目选择，降低了学生的求职成功率，也影响了岗位适应能力。而且，部分学生在职业规划时，受到就业自信心不足的限制，会产生较为强烈的自卑感，这种情况下，会增加学生的消极认知，无法实现职业规划及学生职业发展的目的。可以发现，高职毕业生在就业的时候还存在较多的问题，高职教师应该根据现在社会对人才的需求及学生在面对就业时出现的问题，对学生进行适当的教育，提高学生的心理承受能力，强化学生的职业素养。

高职大学生就业认知是指对自己所要从事职业的一种认知和追求，是对社会环境、职业本身及自我的理性认识和感性认识，对高职大学生的职业生涯起到指引和导向作用。由于高职大学生人生阅历缺乏、社会经验不足，其职业认知水平会受社会需求、个人喜好、就业形势所左右，往往处于被动的局面，存在认知偏差。

3. 自身就业行为的懈怠

（1）逃避问题

部分学生出现逃避的行为。当下国内外疫情形势确实为一些同学的就业增加了困难，而部分学生以此为借口放弃机会，这样的逃避行为问题其实是一种退缩行为。

（2）迷茫、不作为

一些学生出现迷茫、不知所措从而干脆不作为的问题。对于那些自身没有职业规划，本想毕业后随大流走一步算一步的学生，面对疫情他们就业机会本来就少，现在更是难上加难，碰壁以后就很容易产生迷茫的心理，不知道自己该就业、该考研还是该创业，出现退缩、不知所措甚至放弃等问题。

（三）高职大学生就业心理指导的优化对策

1. 加强毕业生的就业指导工作，对学生进行心理疏导

就业指导是为高职毕业生就业前景、就业方向、就业技巧予以引导。现在大多数高职院校还是没有将学生的教学和技能训练进行有效结合，在对学生的教育中还是以教学理论知识为主，导致很多毕业生对本专业的发展方向了解不够充分，对今后应该做什么很迷茫，因此需要加强毕业生对职业的了解。教师在教学中需要向学生传递先就业、后择业的思想，并植入学生的内心深处。有很多高职大学生对于现在的就业形势不够清楚，在就业中很容易产生盲目自信的心理，教师加强就业指导，可以使学生在就业前对社会和自身的能力有大致、客观的认识。教师可以通过信息化的途径为学生展示现阶段的择业中需要注意什么，学生可以通过视频认识现在可能会遇到的就业问题，很多毕业生在毕业后面临的第一个难题就是不知道应该从事什么工作，对自己的未来非常迷茫。教师可以对学生进行提问："你们在毕业后，想要做什么工作？"学生可以自由举手回答，讲述想法。在学生的举手发言中，可以对自己内心有更加深入的认识，还可以对他人想要从事的行业进行了解。学生之间还可以交流对就业过程的担心，以及希望自己以后可以成为什么样的人，学生可以将内心的想法和他人进行交流，从而解决心理问题。

2. 引导学生全面分析自己，根据自身的优势进行择业

很多学生对于自己不够了解，导致在就业的时候不知道应该从事哪一方面的职业，所以教学中，教师要引导学生全面分析自己的特长、专业的特点，根据实际情况进行职业的合理选择。很多毕业生在就业之前没有认真地反思自己有哪些方面的特长，也没有针对就业中可能出现的情况进行就业心理测试。这都需要毕

业生在毕业前认真反思自己在企业中，有哪些是自己擅长的，哪些是自己不擅长的，以作为学生选择职业时的重要参考。学生在了解了自己的专业特点以后，就可以明确目标，减少在就业中的盲目从众心理和焦躁等心理障碍。部分学生还可以根据自己的气质和性格选择适合自己的职业。有很多职业有自己的特点，虽然学生可以选择从事，但这个职业不一定最符合学生的气质和性格。教师要引导学生发挥主观能动性对自己的气质进行分析，从而找到对应自己气质的职业。

3. 循序渐进引导学生，改善学生对就业的认识

（1）熟练掌握自我专业领域，增强成功体验，激发自我潜能

在就业方面，面临市场经济变化、竞争风险、信息化影响，毕业生越来越不安。这种心理结构主要是由于对一些问题过于担心而引起的心理不平衡。很多毕业生，在上个学期，就漫无目的地参加各种招聘会，不管是否适合自己，都提交简历。在提交简历后，在等待中，形成了不安的心理。也有的高职毕业生怀着自卑感，对自己的能力缺乏了解和信心，认为自己不如本科毕业生。一些新闻报道，经常会说本科毕业生是多么难找到工作，也有报道称研究生找不到工作，部分高职毕业生觉得自己是职业学生，很难找到工作，他们低估了自己，总是觉得不好意思，看不起自己。这些学生没有充分认识自己的能力，没有自信或者盲目自信。还有些高职大学生对社会了解不够，缺乏与社会的接触，他们没有为社会作出贡献、投身社会，而是盲目自信。有些高职大学毕业生有较好的家庭条件，他们的父母有一定的能力，他们认为完全不必担心工作，完全依赖父母、亲戚和朋友。在找工作的学生中，有些人不知道自己能做什么样的工作，有些人没有深刻了解自己的能力，有些人没有工作方向和目标。看到周围的学生在找工作，他们会跟着找工作和面试。周围的学生都能找到工作，自己却被一次又一次地抛弃，这是因为他们盲目跟风。

（2）结合具体情境，通过榜样作用替代学习开发自我效能

阿尔伯特·班杜拉（Albert Bandura）的社会学习理论提出通过模仿榜样和替代学习可以获得和增强某些行为。教师可以通过模拟就业让学生将自己害怕的情况提前经历，学生可以四人一组进行就业的模拟。对于一些模拟较好的学生，教师可以让这个小组的学生当众进行展示，从而使其他学生可以从这部分学生的表演过程中，对面试中可能出现的一些问题进行更加充分的认识。学生可以提出自己的观点及对就业的一些认识，融入情境教学中，从而充分反映现在就业过程中可能会出现的问题，为学生的就业打下基础。另外，自我榜样就是把想象中成功的自我当作挑战性假想情境中的角色榜样，想象自己成为一个特定情境中的成功

人士，分析这个成功者身上的品质、素养、技能及面对各种变化时所采取的行动，通过这种想象的体验来替代真实的模仿，内心会不断增强一种积极暗示：别人能我也能，结果就是我真的能。

4.改善学生的心理问题，促进学生养成积极的心态

（1）鼓励学生乐观归因，认清当下形势，化危机为转机

当前，面对全球新冠疫情，高职大学生就业遇到了前所未有的挑战与困难。如果将就业难归因为自身能力缺乏、家庭背景差及社会地位歧视等一些稳定的、内在的、不可控的因素时，就会出现就业积极性不足、动力缺乏。所以，应积极引导高职大学生全方位、多角度的认识当前就业状况，换个角度来对就业中存在的问题作出新的积极解释。学生应通过官方渠道多关注权威媒体发布的招聘信息和政策，疫情防控期间应届毕业生具有很多得天独厚的机会，很多社会招聘向应届生倾斜，国家相应的政策也一定比例地消化了待业大学生，因此学生应转化思维、珍惜机遇、化危机为转机、乐观面对。疫情防控期间学生应灵活就业，具体问题具体分析，多关注一些网络媒体等切合实际的招聘渠道。

很多没有找到工作的毕业生的心理问题首先是自卑，在一次又一次的找工作过程中经历了一次又一次的失败，会影响和打击自信心。有些毕业生认为自己的能力不如身边的人，从而怀疑自己的能力，或因为找不到工作而埋怨父母给予的资源不够。这是大学生在社会压力下容易产生的否定心理，也是正常和普遍的心理表现。主要原因是其工作选择上的空虚、过度倒退、对眼前的工作缺乏信心、害怕为良好的工作机会而战。也有嫉妒他人的学生，看到身边的同学个个都找到工作，自己总是找不到理想的工作，觉得很嫉妒。嫉妒是大学生特有的心理，但毕业生之间存在能力上的差异，在进行择业的时候，也会出现不同的情况。嫉妒会让朋友变成敌人，失去集体（班级、宿舍等），可能造成紧张的人际关系。还有的学生自我逃避，会产生自我保护或自我防卫的感觉。在多次碰壁后，一些毕业生觉得没有能力找工作，很沮丧。为了逃避内在的痛苦，他们有可能轻生。毕业生心理上的就业障碍有很多原因，以学校教育和学生自身为中心，学校教育比较封闭，学生对社会缺乏了解，就业指导就相对滞后，毕业生就会脱离社会现实。这些都是造成毕业生错误自我定位的原因。在今天，由于物质条件的改善，大部分学生缺乏勤奋的精神，一些毕业生的心理素质很差。就业指导教师在教学中，需要让学生相互帮助和探究，鼓励学生之间形成良好的联系，互相讲述就业方向，让其他的学生给予建议，使学生之间可以形成良好的认识及积极的氛围，为就业带来良好的经验。教师可以将一些因为就业而出现的毕业生心理问题与学生进行

讨论，将一些学生在就业中产生的与他人差异的现象进行展示，引导学生进行分析，从而打好心理上的"预防针"。学生可以看到由于能力上的差异，在就业中会有不同的情况，激发学生自我提升的动力，同时坚定学生的信心。

（2）珍惜现在，善于利用社会支持系统，灵活寻找就业机会

①高职大学生充分利用当下网络资源，自媒体、大数据为疫情防控期间的生活、就业提供了便利条件和更广泛的资源。

②构建高职大学生朋辈支持系统，能够合理宣泄情绪、缓解就业心理压力，同学、学长能够更好地提供资源共享和适时的心理安慰。

③社会要努力为高职大学生提供良好的就业环境，完善和规范毕业生网络就业市场，加快人事制度改革，建立公正、平等的竞争机制。

④发挥辅导员骨干作用，充分利用网络资源，建立用人单位微信群、QQ 群，组织就业云讲座，加强与大学生家长的沟通联系，及时追踪大学生就业状况，给予家庭与学校两方面的支持与配合。

第二章 高职大学生心理健康教育的理论基础

本章针对高职大学生心理健康教育的理论基础展开论述，围绕三个方面进行阐释，依次为高职大学生心理健康教育的基本内涵、高职大学生心理健康教育的原则与方法、高职大学生心理健康教育的主要理论。

第一节 高职大学生心理健康教育的基本内涵

一、心理健康教育内涵

心理健康教育是指教育者根据学生身心发展特点运用心理学的方法，对教育对象心理的各层面施加积极的影响，以提高学生的心理素质，促进其全面发展的教育，包括心理健康的维护与心理行为问题的矫正两个方面。心理维护以面向全体学生为主，通过常规的教育训练来培养学生的心理品质、提高学生的基本素质，如学习心理辅导、情感教育、人际关系指导、健全人格的培养等；行为问题的矫正主要面向少数具有心理、行为问题的学生开展心理咨询与行为矫正训练，针对如考试焦虑、学习困难、注意力不集中、厌学等问题。

新形势下高职院校的学生心理健康教育工作更需要加强对心理健康教育内涵的深化理解和运用。通过心理健康教育，培养学生健康的心理素质，坚持正面教育，开展积极的心理教育，用积极的方式解读人的心理现象，以问题为核心，有效完成心理健康教育的功能，促进学生心理健康的全面发展。注重学生的个性差异，使学生的积极性和创造性得以激发，发掘大学生自身的潜能，将学生内在的积极品质和力量激发出来，传递健康的生活态度，促进学生健康成长，构建完善的心理健康教育体系，保障学生的长远发展。新形势下高职院校要想深入开展心理健康教育工作，需要了解与学生相关的心理学理论及概念，使心理健康的标准和意义更加明确，让学生掌握自我探索技能、心理调适技能与心理发展技能，拥有健康发展的自主意识，让学生充分认识自身的性格特点，客观评价自身的心理状况、行为能力，从而可以更好地认识自己。

二、心理健康教育课程的基本内容

现今使用较多的大学生心理健康教育课程教材，课程主题主要包括心理与健康、学习心理、心理适应、自我探索、人格解密、情绪调节、人际关系、恋爱与性、生涯规划、生命教育、压力管理、危机应对、团队合作、网络心理等，围绕课程教学目标深度理解主题之间的关系，有助于引导学生正确认知课程的意义，也有助于指导教师备课、授课。

（一）内部世界：处理个人与自己的关系

高职大学生心理健康教育课程的目标之一是培养学生良好的心理素养，学会心理调适的技能，能做到助人自助。首先，对于自身的心理健康状况要有一个清晰的认识，了解心理健康的基本知识和标准，用科学的方法评估自身心理健康水平，生活中能够自我调节一些困惑、烦恼等，然后能够引导和帮助身边的同学做到自我调节、心理自助。"心理与健康"引导学生转变传统认知，重新界定健康的定义，理解心理健康的内涵；"自我探索"深度理解自我、定位自我，发现以往未被察觉到的部分；"人格解密"厘清生命中各个阶段的重要时刻，理解个性化的一面和性格迥异的缘由；"情绪管理"时刻影响着我们的言行，是成长的重要支点；"生涯规划"帮助学生定位大学目标、人生目标，找到人生发展的方向；"压力管理""危机应对"是人生的必修课，教会学生直面困境，提升逆商。从这些章节主题涵盖的内容来看，侧重于围绕个体展开心理健康的教育、心理自助力的提升，了解自己、认识自己，从认知思维、情绪情感、言语行为层面引导学生体验、反思，学会处理好自己与自己的关系，与内心的冲突和解、与内心的伤痛告别、与内心的自我拥抱，重新接纳自己。

（二）外部世界：处理个人与他人的关系

高职大学生心理健康教育课程要求培养学生的人际沟通能力、环境适应能力，积极探索适合自己并适应社会的生活状态。生活中离不开与周围的人打交道，离不开个体所处的环境，需要引导学生深刻认识到从自身出发如何看待与他人之间的关系状态，提前发展生存、生活的各项技能，为踏入社会做好"心理"准备。"心理适应"引导学生快速适应大学生活，主动融入环境，从心理上接纳新环境；

"学习心理"聚焦大学学习的特点，拓宽大学生的学习视野，让他们抬起头来观望四周；"人际关系"教会学生成熟的为人处世之道，提升他们的交流沟通能力；"网络心理"是在虚拟世界的人际交往状态，具有隐秘性，需要正确引导；"恋爱与性"涉及学生在大学期间的各类恋爱状况，如何选择爱、表达爱、拒绝爱、经营爱都需要学习，理性对待恋爱的亲密程度；"生命教育"引导学生理解生命、珍视生命；"团队合作"注重发展团队合力，学会小组内的相互配合，共同挑战困境任务。这部分章节主题的内容侧重于发展学生外在的技能，注重使学生在实际生活中学会适应环境，学会处理与各类人群的关系，无论是现实社会还是虚拟网络，我们都需要跟他人交流，在大学生心理健康教育的课程中引导学生培养生活必备能力，更好地适应社会。健康的内涵包含四个方面，即身体健康、心理健康、良好的社会适应能力和道德健康，身体和心理的健康强调的是处理好自己与自己的关系，良好的社会适应和道德健康强调自己与他人的关系，当我们能够悦纳自我，同时又能与身边的人和睦相处，适应我们生活的环境，我们就能把握人生所追求的幸福和快乐。

第二节　高职大学生心理健康教育的原则与方法

随着社会科技的不断发展，越来越多的人意识到心理教育对当代学生有着重要影响。为了切实推动学生的可持续发展，实现心理教学的进步，本书通过深入调查分析社会对于优秀人才的实际需求，立足于高职院校的教学现状，阐述了高职心理教育的基本原则，同时结合自身的教学分析了高职心理教育主要的方式方法，并提出了一系列提高高职心理教育效率的途径，希望以此为心理教育的改革创新发展提供一定的参考。

一、高职心理教育的基本原则

（一）发展原则

所谓发展原则，从本质上来讲是指高职心理教育在实际过程中应当关注学生心理素质的全面发展，站在科学发展观的角度上看待学生的成长、心理教育活动的开展，相信学生，并且鼓励学生朝着未来的目标不断努力。在这样的背景下，高职院校的相关教师必须以科学发展观作为基础和前提，深入分析不同学生的个性化特征及高职院校在教学开展过程中可能存在的一系列问题，通过这样的方式切实提高学生的心理素养与综合道德品质。

（二）教育原则

从一定意义上来讲，高职院校所开展的一系列心理教育的本质应当是教育，因此其具有一定的教育原则。在实际教学过程中，教师必须明确主体地位，积极学习当前社会中先进的心理健康教学理论，注重学生诚实守信、爱岗敬业、积极活泼等相关道德品质的建设。在这个过程中，一方面，教师应当创新改革教学模式，积极开展多元化的教学活动，寓教于乐，有针对性地淡化心理教育的医学色彩；另一方面，教育原则也在一定程度上要求心理教学必须遵循高职院校教育的基本宗旨及规范，不能按照教师的主观意识进行随意教学，而要深入分析心理教育的目标任务，明确教育理念的引导作用，从而积极开展心理教育。

（三）全体性和主体性原则

所谓全体性原则，主要是指心理教育的对象是院校中的所有学生，同时，不同的学生的个性特征、兴趣爱好、综合素养等方面存在较大的差异性。因此，教学活动也应当有针对性地、分层次地开展实施，但从整体上来讲，仍应将全体学生作为主体和重心。主体性原则进一步凸显出学生的教学主体地位，一切教学活动都应当以学生为主要对象，教师必须尊重每一个学生的特征，深入分析其未来发展的实际需求，并且引导学生发挥自身的主动性和能动性，加强学生的实践体验。

二、高职心理教育主要方法

（一）认知教育法

认知教育应当是当前高职院校心理教育的最为基础的一种方式方法，具体而言，其通过对具体问题的深入分析讲解，启发学生的思维，引导学生进行理性分析。根据相关的实践调查研究我们可以看出，由于社会发展的多元化，当代大学生极容易受到不良思想的影响，出现一定的认知偏差。通过认知教育法的有效开展和贯彻落实，能够在一定程度上对当前社会中面临的一系列问题进行本质分析，在此基础上引导学生进行认知的转化，释放不良情绪，从而加强对事物的整体认知，搭建起相应的认知框架。换言之，认知教学法从本质上来讲是在向学生宣传介绍关于心理学、心理健康相关的知识内容，注重学生价值观念的有效梳理，这样的教学方法是以积极心理为导向的具体体现。

如何才算是正确的高职大学生心理健康教育？它的正确认知本质是什么？高职院校对这两个问题认识的偏移，始终都在影响着心理健康教育的发展进程。有些高职院校将学生的行为不端正问题认定是心理方面的问题，认为只需心理健康教育就可解决，从而轻视了心理健康教育的重要性，这就加重了对高职大学生心理健康教育的错误认知。很多学校是因为觉得部分高职大学生心理不健康或心理不正常发展才设置心理健康教育课堂。而且，有些授课教师也不觉得高职大学心理健康教育工作是自身职责内的事情，认为是专职的大学心理健康老师的任务，所以大学老师不积极主动为高职大学生心理健康下功夫。也有部分教师觉得自身任务繁杂，对学生的心理健康教育心有余而力不足或者束手无措。经调查当代大学生的大部分心理健康问题都来自老师的"教学指导""教育思想观念错误""管理手段"等，甚至是由师生之间的关系严峻而引起的。

（二）疏导教育法

疏导教育法从一定意义上来讲是由心理教育教师通过疏导的方式缓解学生目前面临的主要压力，注重学生共鸣的一种教学模式。具体而言，学生的心理问题与道德层面上的问题截然不同，其没有好坏之分，教师通过一系列惩戒的方式是无法从源头上解决问题的，严重时甚至可能加重学生的心理负担。在这样的背景下，相关研究学者提出要切实解决学生的心理问题，应当积极学习大禹治水的方式方法，以疏导为主，拒绝封堵。由此可见，疏导教育应作为一种柔性化的管理方式，注重学生的主观体验，站在与学生平等友好的角度上，淡化学生的逆反心理，从而更好地表达自身对某些事物的看法，满足自身的心理需要。

（三）活动教育法

活动教育法更类似于当前教育中的寓教于乐方式，通过创设多元化的实践教学活动，引导学生进行自主学习，加强切身体验，通过这样的方式实现心理的健康发展。这样的教学模式和方法注重实践教学活动的设计及学生的参与度，教师必须积极引导学生参与到课堂讨论、阅读、游戏等活动中。

具体而言，第一，心理教育教师必须根据学生的心理特征及教学内容设置相应的主题活动，提前告知学生并做好学前准备；第二，在课堂教学开展过程中，教师应当注重学生兴趣的激发，培养其良好的行为习惯，明确教学目标任务，从而为学生提供相应的帮助；第三，教师应当将学生融入活动中，实现个体与集体的融合，并且在活动结束后及时进行总结分析。

第三节 高职大学生心理健康教育的主要理论

一、积极心理学理论

（一）积极心理学的内涵及特征

积极心理学作为心理学一个新的研究方向，极力倡导研究人类积极的心理素质，认为心理学的研究不仅仅局限于人的心理问题，而且应关注人的积极情感体验，充分挖掘潜在的积极力量，帮助人形成良好的心理素质。了解积极心理学的内涵及特征，对于更好地审视当前高职大学生心理健康教育的现状有着重要意义。

1. 积极心理学的内涵

积极心理学出现于 20 世纪末，是美国心理学研究的一个新分支。积极心理学的研究重点是影响人类的积极因素，主张有效地激发人们的活力，建立自信。积极心理学以人类的积极力量——善良和美德作为研究对象，强调心理学不仅能帮助人们了解如何在某些不利条件下生存和发展，还可以帮助人们学习如何创造高质量的个人及社交生活。传统的心理健康教育侧重于纠正现有的心理问题，而积极心理学的重点是预防心理问题，重视人性的积极方面，侧重于帮助学生建立积极的心态。

2. 积极心理学的特征

相比于传统心理学，积极心理学从出现以来就带有鲜明的新事物特征。

（1）积极心理学以积极的人性观为出发点

在传统心理学中，心理学的研究对象通常是那些有心理问题的人。人类拥有独立的意识和欲望，无论是正常人还是那些有心理疾病的人都拥有着属于人的欲望，从某方面讲，欲望也是人努力发展的重要动力。因此积极心理学家认为人类的命运是掌握在自己手中的，而积极的品质和性格不仅来源于家长和教师的培养，也来源于人从小到大的经历和先天因素。

（2）积极心理学重视心理问题的预防

很多人潜意识认为心理问题只有发展到很严重的时候才需要去医院治疗，而随着经济水平的提高和生活质量的提升，现代人更加重视对疾病的预防。在心理问题的治疗中，也应该从传统的治疗为主转变为以预防为主。心理疾病的治疗需要帮助患者找到根本原因，只有针对具体的问题进行具体的分析，剖析问题的根源，才能为不同的病人提出最适合的心理治疗模式。以前人们对心理学的研究主要是为了抑制由心理疾病带来的不良影响，如今积极心理学研究则更注重帮助人们追寻幸福的人生，让人们了解自己心中最真实的诉求，以及为了实现诉求所需要作出的努力。

（3）积极心理学重视社会环境的重要作用

积极心理学的研究不能脱离社会环境，应当在社会文化生态体系中进行，培养和完善积极健康的人格，如自尊、自主、果断、智慧、创造力、成熟防御、自我组织、良好的环境适应能力等。这些优秀的人格优势将渗透到人们的全部社会生活空间，并给人们的生活生长带来长期的影响。因此，家长、学校和社会应该提供一个良好的环境，使学生获得积极的体验，形成积极的个性。

（二）积极心理学的作用

积极心理学以积极心理品质为研究对象，以帮助人们适应不良的环境与条件为主要目标，旨在挖掘学生的心理潜能，形成良好的心理素质。1999 年，Hillison 和 Made 首次提出"Positive personality"（积极品质）的概念，后马丁·E.P. 塞利格曼（Martin E.P. Seligman）在其著作《积极心理学导论》中认为积极品质由主观幸福感、乐观、快乐和自觉等构成。积极心理学的研究者们从 200 种人类拥有的美德中，归纳出了普遍著作和观点都支持的 6 种美德，这 6 种美德对应了 24 种力量：创造力、好奇心、开放思想、热爱学习、有视野（洞察力）；真诚、勇敢、坚持、热情；友善、爱、社会智能；公平、领导力、团队精神；宽容、谦虚、谨慎、自律；审美、感恩、希望、幽默、信仰。这些为教育者培养学生良好心理品质提供了方向、思路与评价标准。目前来看，我国心理健康教育只狭义侧重于消极心理问题，针对的群体大多是已经存在心理问题的学生群体，很少将焦点放在全体学生身上。事实上，培养所有学生积极的心理品质，不仅能预防消极心理的产生，也能对一些心理疾病起到缓解作用。因此，高职院校应将积极心理品质的培养贯穿于心理健康教育中，双管齐下，既重视心理问题的矫正，又充分发挥积极心理品质对学生的作用，不偏侧其中任何一个方面。不仅关注学生悲观、自卑、压抑、适应不良等消极问题，还关注希望、意志、目标、能力、爱、关怀等良好品质的挖掘，激发学生无限潜能，将积极心理品质的开发作为心理健康教育工作的出发点与落脚点。

（三）积极心理学理论的重要性

以积极心理学为基础开展心理健康教育的重要性：首先，当代学生存在复杂的心理问题，经过心理问题调查研究发现有很多高职大学生会无故烦闷、懒惰颓废、学习压力过大、存在人际交往障碍、自卑感，甚至出现抑郁症等问题，大多数学生在面对困难时不知所措无法及时作出调整，因此优化心理健康教育模式迫在眉睫；其次，传统的心理健康教育方式存在较多弊端，很多高职院校的心理健康教育课程都是将心理问题作为专题，致使很多学生都认为心理问题就是心理不健康，对心理咨询辅导室有抵触感，导致其无法发挥其疏导作用，并且心理诊断与治疗并未考虑学生具有恢复健康的能力，因此需要将积极心理学融入心理健康教育中，挖掘学生的积极因素促进学生的健康成长；最后，心理健康教育的一个重要目标就是实现积极价值取向，在高职大学生心理健康教育改进意见中有强调、介绍心理健康的方法，这能够引导学生养成良好的品格品质，对学生宣传心理健康教育知识，使其意识到心理健康的重要性，通过推广有效心理调节方法增强学生克服困难的能力。积极心理学强调心理健康要促进学生体会到幸福感，重视学生积极心理品质的培养，这与心理健康教育改进目标一致，因此要以积极心理学为基础优化高职院校心理健康教育模式。

（四）积极心理学理念下心理健康教育模式构建

1. 更新教育目标，创新教学内容

积极心理学理念下的高职院校心理健康教育，首先，要更新教育目标，既要重视积极心理培养，又要重视心理问题化解，做到两者兼顾才可以提升心理健康教育效果，培养学生形成良好的心理素质，在积极心理学中强调积极心理能够有效预防心理问题，当学生的心理得到了发展就自然而然地能够避免很多心理问题的产生，这也是关注个体发展的重要目的。心理问题的产生是有一定过程的，高职大学生通常在适应社会发展和自我发展过程中受到人际关系、环境等各方面影响产生心理困扰，而出现这些问题的根本原因就是学生缺乏积极心理，无法从困扰中得到解脱，进而使心理问题逐渐增大。因此，需要重视积极心理品质的培养并通过及时的心理辅导帮助学生呈现积极的生活状态。其次，在课程内容方面要加强向幸福感的转变，高职院校的心理健康教育通常都是以心理问题为基础设计课程内容，结合学生常见的心理问题传授保持心理健康的方法，如在自我意识方面通常比较关心自卑自负等心理问题，在人际关系方面通常关注社交回避等问题，在情绪控制方面关注焦虑愤怒等问题，主要的课程内容都是教会学生怎样去克服心理问题促进学生的心理健康。在积极心理学理念下心理健康教育要以幸福感为基础设计课程内容，重视学生积极品质的培养。如在自我意识方面可以聚焦于积极自我；在人际关系方面可以突出积极关系构建，通过构建积极关系使学生变得健康幸福；在情绪方面培养学生养成乐观等积极情绪，提高生理免疫力，在最大限度上提升学生的幸福感，促进学生的心理健康。最后，要做好心理健康教育组织的构建，做好制度保障工作，如成立心理健康小组研究心理健康教育、优化方向制定具体规划，以保障各个学院积极落实心理健康教育工作，要充分发挥心理健康咨询中心价值，积极宣传心理学知识和技巧，建立心理咨询预约、档案管理等制度，通过完善教育制度保障各项心理健康教育活动能够有序开展。

2. 建立多元化教育系统，更新教育手段

积极心理学理念下的高职院校心理健康教育要建立多元化教育模式，高职大学生的心理健康影响因素有很多，既包括学校环境也包括家庭和社会环境，需要树立整体教育观念，构建由学生、教师、家长共同参与的教育模式。首先，要突出全方位教育，将心理健康教育融入大教育环境中，结合家庭教育和社会资源使学生养成积极心理，其中学校教育非常重要，要借助社会力量进行全方位教育，提高教育质量。其次，要进行全面教育，不能仅将教育对象局限于具有心理问题的学生，要面向全体学生提高学生心理健康水平、完善学生人格，充分挖掘学生的自我潜能，增强其社会适应能力和调试能力，促使其养成积极心理品质。在教育内容方面也要突出全面性，要涵盖学习、生活、行为、生涯发展等各个方面。再次，突出全员参与，要组建以专业心理健康人员为核心、辅导员为骨干、专业学科教师为主力军的心理健康教育队伍。心理健康教育是一项复杂的系统工程，需要全体教师的积极参与并配以家长的后援才能提高心理健康教育效果，发挥教育价值。最后，要结合不同的需求、明确不同的教育目标，体现多层次教育，满足学生的个体化发展需求，使每一名同学都能够健康成长。另外，要重视教育手段的更新，积极心理的培养是一个心理体验过程，要突出学生的参与体验，使学生能够自主关心心理发展情况，可以通过角色扮演活动、心理拓展训练等增强学生的心理体验，使同学之间可以通过欣赏鼓励产生积极心理影响，提升心理健康教育的针对性。

3. 更新教育模式，拓展教育渠道

积极心理学理念下的高职院校心理健康教育要不断地更新教育模式，如测量式心理教育、自助式心理教育都是良好的心理教育模式。其中自助式教育模式强调学生要采取各种措施满足心理需求、提高心理健康水平，其意义是鼓励学生自行解决问题而非依赖于教师的引导，通过自身能力调整情绪使自己处于积极的心理状态。也可以采取自助式心理暗示的形式消除学生的消极心理，增强学生的自信心，高职院校可以通过组织自助式心理社团等提供心理暗示教育服务，并应用网站论坛等传播积极心理信息，使学生能够得到积极情绪体验，促进学生的心理健康。积极心理学理念下的心理健康教育也要不断拓展教育渠道，以各种活动为载体实现学生的自我教育。学生是受教育主体但也要成为自己的教育人，要通过组织各种活动增强学生的自我教育意识，如开展认识你自己活动、人际交往技巧演讲活动，以自我认识为主旨开展自画像活动、我的压力圈活动等。也要充分发挥协会团体的作用，利用团体互动使学生在交往过程中认识自我、接纳自我，学习新的态度，激发个体积极潜能。团体活动通常具有较强的感染力，对提高学生的适应能力、发展学生的人际关系、增强学生的归属感等都有着积极作用，可以在一定程度上促进学生的心理健康。

二、马克思关于人的全面发展理论

关注和解决高职大学生心理问题正是建立在马克思关于人的全面发展的理论基础之上的。通过对人的需求与全面发展关系的分析，马克思指出，实现人的全面发展的最大动力是人的需要，人的需求不断得到满足，新的需求也在不断增加，需求不断被满足的过程就是人不断实现自身发展的过程。人的全面发展理论是在综合分析影响人全面发展的因素的基础上形成的，人的全面发展是由人的本质决定的，包括人的个性、个人素质、潜能、需要、社会关系等方面的自由和全面发展。实现人的全面发展需要人的主体意识和能力的发展及社会生产力的发展等主客观条件，这就为实现高职大学生的全面发展、解决高职大学生的心理问题提供了理论指导。要不断提高高职大学生的自我认知，使他们能够从自身实际情况出发，客观认识自我、不断发展和超越自我。要不断提高高职大学生的政治素质、思想道德素质和身心素质，尤其要关注高职大学生心理发展状况和现实的需求，为他们形成良好的心理素质，更好地接受思想政治教育提供条件。要关注高职大学生的信念、动机、性格、意志等心理素质，促进他们身心的全面健康发展。

三、马斯洛的需要层次理论

美国心理学家亚伯拉罕·H. 马斯洛（(Abraham H. Maslow）在 1968 年提出需要层次理论，马斯洛认为，人类需求从低级到高级依次是生理需要、安全需要、爱和归属需要、尊重需要和自我实现的需要。这些需要是从低级层次到高级层次逐级被满足的，只有在低级层次需要被满足时，才有可能提高需求水平。在解决高职大学生心理问题时，必须注意他们不同层次的需求。解决高职大学生心理问题时要结合这一群体的特点和需要给予他们更多的关心和帮助，既要尊重学生的个体差异，又要认识到每一位高职大学生都有心理需要，注意差异性和全体性的统一。要利用高职大学生喜闻乐见的方式开展心理辅导，使学生在心理上获得情感支持，有强烈的集体归属感；要注意保护学生的自尊，平等对待，从不同年级学生的特点出发，分阶段分析和解决不同层次的心理问题，关注不同学生的心理需求，最大限度满足各级学生不同层次的心理需要，促进他们心理的健康发展。

四、罗杰斯的人本主义理论

卡尔·兰塞姆·罗杰斯（Carl Ransom Rogers）的人本主义理论认为，缺乏对人类内在价值的理解是所有不安的根源。它重视从人的主观意识出发，反对行为主义只研究人的行为不研究人的本性，又反对弗洛伊德只研究精神病人、不研究正常人的心理，提倡重视人自身的动机、潜能、价值、尊严和自我实现。人本主义认为人性具有自由选择性，人可以凭借自身意向达到自我实现。解决高职大学生的心理问题要坚持"以学生为本"，改变传统的心理知识灌输模式，重视学生的内心体验，发挥学生自身的能动性和潜能，坚信学生能够成为具有自身价值的主体。要注重与学生的平等、真诚进行沟通和情感交流，发现学生心理问题的根源，通过对学生内心世界的理解和分析，适应学生的需要，实现发展潜能的目标。罗杰斯还认为，教育就是要培养健全的人格，要为受教育者提供一个积极的成长环境，因此要为大学生心理问题的解决创造良好的环境氛围，学校、社会、家庭、社区协同配合，多方联动共同作用，为学生提供良好的心理成长环境。要培养学生良好的自我认知，加强大学生的自我教育和自我心理调适，发挥大学生的自我心理潜能，促进大学生整体心理水平的提高。

五、贝克的认知理论

美国临床心理学家阿尔伯特·爱利斯（Albert Ellis）和精神医学博士阿伦·特姆金·贝克（Aaron Temkin Beck）是认知主义理论的杰出代表。认知理论提出了S—C—R公式，认为在刺激S和反应R之间存在着意识、经验等因素，称之为C。认知理论认为，人们的各种行为是由自身对刺激的认知反映出来的，如果人对事件、情境或行为的认知中存在不合理或者错误的成分，就有可能产生不良情绪或不良心理状态。要消除不良情绪或不良心理状态，就要改变不合理的认知。

因此，在分析高职大学生心理问题成因的过程中，要充分考虑这部分学生自身存在的问题，有针对性地提出解决措施。很多高职大学生缺乏对自我和民办教育的正确认知，在心理问题的鉴别和认识上还存在很多误区，且很多高职大学生在产生心理问题后不能及时有效进行自我疏导和自我调整，导致了心理问题的产生。在认知理论的指导下，要加强高职大学生通过自身解决各种心理问题的能力，如客观认识自我、积极悦纳自我、掌握自我调整方法和进行积极的自我教育等。

第三章 高职大学生心理健康教育的途径与对策

本章针对高职大学生心理健康教育的途径与对策展开论述，围绕三个方面进行阐释，依次为高职大学生心理健康教育的现状、高职大学生心理健康教育的必要性、高职大学生心理健康教育的途径探索。

第一节 高职大学生心理健康教育的现状

一、心理健康教育理念陈旧

全程、全方位和全员参与是"三全育人"理念的核心。对大多数学生而言，他们不理解"产教融合，校企合作"的深远意义，对于突然要提前走出校园，走向社会产生了强烈的排斥心理，归属感和安全感缺失，甚至有被抛弃感。可见，多数高职院校仅仅看到校企合作对学生专业技能提升的帮助，并未全程、全方位地审视高职大学生的心理特点，也未重视对他们心理素质的培养和提升。

二、心理健康教育力量专业性弱且分散

①目前高职大学生的心理健康教育工作主要由辅导员和承担心理健康课程的教师负责，教师的心理健康知识储备、心理咨询能力的专业性及工作的责任心和工作体系的完善性决定了心理健康教育工作开展的效果。辅导员常常囿于各种烦琐的日常管理工作，难以洞察学生的心理变化且易混淆心理健康教育和思想政治教育的工作内容，无法有效开展心理健康教育。据统计，心理健康课程教师、心理咨询师专职化程度低，心理学相关专业教师数量少且其心理健康教育能力不足，加之因本职工作更重要，常无暇关注有心理咨询需求的学生，导致心理健康教育工作无法及时进行。

②因心理咨询的保密性原则，心理咨询师无法及时反馈信息给辅导员，辅导员无法在日常生活中对学生及时进行疏导，提高干预效果。辅导员也缺少和心理咨询师的沟通，导致心理咨询师不能对学生的心理状态进行跟进、追踪，往往是单次咨询就结束工作，既不能评估学生心理问题是否解决，也不能提升心理咨询师的咨询水平，更不能形成系统的心理咨询体系。

③学校除学工系统以外的专业课教师、行政管理部门的教职工大多认为对学生的日常教育及心理健康教育不是自己的本职工作，忽视了自己是学生心理健康教育的主体之一。

④高职院校普遍存在心理教师不足的问题。以河南护理职业学院为例，目前该学院共有学生 1.5 万余名，但是从事心理健康教育工作的专职人员只有 2 人，从事心理健康教育教学的专兼职教师仅有 6 人。此外，高职教育阶段正是高职学生的"三观"趋于成熟和完善的关键时期，联合培养模式下的学生尚未在校内形成正确的世界观、人生观和价值观就进入社会，社会上的各种不良信息难免会给部分学生的心理健康带来负面影响。

三、心理健康教育重视度低

①学生对自身心理健康状况不重视。学生没有系统地学习过心理健康方面的专业知识，出现心理问题后通常选择自我消化或者找同学倾诉，很少选择心理咨询、心理治疗等专业途径帮助自己，担心同学将自己进行心理咨询的做法定义为有心理疾病。而学生很少主动关心同学、室友的心理状态，认为这是别人的私事，只要事情解决心理问题就不存在了。

②家长对学生心理健康教育不重视。家长在外工作，对学生教育存在缺位现象，对学生的心理健康状况更是疏于关注，不能及时察觉和解决学生的心理问题，这为学生的心理健康状况埋下隐患，严重影响了学生的身心健康。

③学校心理健康课程的弱势地位。心理健康课程的弱势地位表现在高职院校只对大一新生开设必修课，大二、大三年级学生所处的年龄阶段不同，面临的学习任务、生活问题、心理情绪等与大一有所不同，学校却没有开设相关的选修课程，如积极心理学等，无法达到心理健康教育的目的。并且学校对学生以通识教育为主，课程形式单一，没有融入心理健康相关内容，难以引起学生对心理健康的关注和重视。

在现代高职院校培养模式下，专业课程的学习是重点，而心理健康教育课程一般较少。由于学生在各处实习，心理健康教育课程教学多由校内心理教师进行网上授课，这很容易给学生留下该门课程不重要的印象。另外，心理健康教育课程是一门育人育心的课程，如果全部在网上教学似乎就失去了该门课程应有的特色，也失去了师生之间面对面交流和沟通的机会，心理健康教育很难取得应有的效果。

四、心理健康教育渠道窄

（一）缺乏整体性规划

高职院校的心理健康教育工作主要由学工部门负责，主要采用新生心理健康必修课、新生心理普测工作、"5.25"心理健康月等活动方式。在人才培养方案中，心理健康教育占比少，学校只是将心理健康教育工作纳入了学生管理工作范畴，在宏观上缺乏对心理健康教育的把控，导致心理健康教育在高职教育中处于弱势地位。

（二）心理普测缺乏追踪

高职大学生入校一个月后进行心理普测，普测结果对新生心理健康状况的初步判断有一定参考价值。但在大二、大三年级，学生面临着学业压力、人际压力、就业压力，会产生新的或者加深之前的心理问题，然而学校并没有对其进行新一轮的心理普测，难以发现新问题；缺乏对新生心理问题的进一步追踪，学生找不到合适的途径去排解心理压力，从而丧失对学校心理健康教育的信心，影响到学校安全。

（三）缺乏活动管理

高职院校设立第二课堂成绩单后，学生积极参与社会实践、创新创业、志愿服务、文体等活动，但是心理健康领域鲜有活动，学生参与心理健康活动的次数较少。开展的心理健康活动常流于形式，诸如黑板报设计、线上知识竞赛等活动，难以真正激发学生的参与热情，无法关注到学生的心理健康状况，也不能切实解决学生心理问题，最终为了完成活动而举办活动，达不到心理健康教育的目的。

五、心理健康教育的教学手段不足

即使各大高职院校逐渐开设了与大学生心理健康教育相关的课程，并且由心理健康教师向高职大学生传授系统的心理健康理论知识，但是教学手段尚不成熟，在教学过程中存在缺乏与高职大学生及时沟通、课堂不够规范等教学问题，并且在教学过程中存在只为少数大学生提供服务，过于重视问题学生，进而忽视了大多数正常学生的问题的现象。此外，由于心理教师的专业性不强，难以系统灵活地传授知识，教学手段也过于老套，很难激发高职大学生的学习兴趣。

六、心理健康教育经费投入力度不够

现如今，大部分高职院校的经费都用于完善专业教学设施，目的是让高职大学生可以得到更加专业的教学，但这过程中对校内心理健康教育设施的投资相对薄弱。高职院校在处理经费问题时忽视对心理健康教师的培训和提高、忽视对心理健康教学课程的安排、忽视建设心理健康辅导办公室的重要性等，诸如此类的情况都使得心理健康教学的经费投入力度不够。心理健康教育专项经费的缺乏，也会影响高职大学生心理健康教育工作的顺利进行。

七、心理健康教育现行模式的不同

思政教育是我国高职院校心理健康教育的主要模式，通常都是由辅导员和思政教师共同完成，虽然在学生的世界观和人生观上作出了有益探索，但是在心理学专业上存在严重不足。过多地强调思想政治教育，反而忽略了对心理健康教育的培养。

（一）心理学模式

这种模式大多数都是用于心理辅导，心理咨询主要注重学生个体的"点"，是一种被动的教学策略，在实际运用过程中作用极其有限，要求教师要具备较强的专业技能及心理咨询能力。不仅如此，还需要掌握大量心理疾病的知识。就目前来看，根据我国高等职业教育现状，还远远无法达到本模式的要求。

（二）医学模式

主要是对心理疾病和心理障碍进行治疗，只是针对部分学生的心理问题进行咨询和矫正，因此它的特点主要还是在于"点"，并不具备"片"和"面"的特征，不具备普遍实用性。通过大量的数据和调研，发现国内高职院校主要还是实行思想政治模式的教育，少部分院校开展心理学模式。而这些模式都不能够将学生个人心理问题与大部分学生心理发展相融合。此外，由于心理问题引发的校园伤害事件，使大多数高职院校普遍重视学生个体的心理问题诊治，在面向大多数学生的心理发展需求上存在空白。面对现实就需要进一步整合当前高职院校心理健康教育模式，构建符合高职大学生特色及当前高职院校现状的新模式。

（三）"点""线""面"三维模式

关于"点"的解释是出现心理问题的学生个体；"线"是具有同类心理需求的学生群体，通常是班级中的部分学生；"面"主要是在于同年级的整体学生在心理诉求和心理活动上出现的问题。通过"点""线""面"三维立体的健康教育模式，能够及时明确当前学生在学习和生活中所遇到的问题，同时这也符合"以人为本"的教育理念。通过心理健康水平进行划分，有助于实现"因材施教"，鉴于当前学生心理健康教育存在的问题主要表现在重视诊治轻视预防及专业性不强等现状，再结合多年来的实践经验将"点""线""面"与现有教学模式相融合，通过"点"对出现心理状况的个别学生进行咨询和帮助，针对"线"上有相同心理需求的学生提供辅导，在教学形式上可以采用选修课或者是班级活动进行心理辅导，至于"面"，在面对不同年级的全体学生提供心理健康必修课等相关课外学习活动。总之针对不同的学生，就需要开展全面且多层次的教育模式。

第二节　高职大学生心理健康教育的必要性

一、学生心理问题较重，亟待心理健康教育

现如今，高职大学生成为心理危机、心理失衡的高发群体之一，由此引发的恶劣事件也呈明显上升趋势，不容忽视。如轰动一时的"北大学子弑母案"就是典型的心理危机扩大化造成的悲剧。而类似的悲剧并不鲜见，如 2004 年轰动全国的马加爵事件、2013 年学生林森浩投毒致同学死亡事件。虽然是个例，但此类事件危害性深重，需要教育工作者深入思考应如何加强大学生心理健康教育以适应严峻的现实状况。

二、心理课程内容陈旧单一，亟须加强心理健康教育

（一）心理健康教育课程内容存在的具体问题

大学是进行心理健康教育的重要阶段和重要场所。各高职院校在高职大学生心理健康教育工作方面进行了专门的工作安排和部署，进行了有益的尝试与探索，并且取得了一定的成绩。但是我们不得不承认的是，目前高职大学生心理健康教育中仍然存在不少问题：将心理健康教育简单地等同于思想政治教育，简单粗暴地处理高职大学生的心理问题，惯用大道理来应对学生的负面情绪等；有的学校即使开设了心理健康教育的相关课程，但是仅流于形式，且课程内容老套陈旧；学校在应对学生的心理健康问题时呈现一定的滞后性，头痛医头脚痛医脚，且方式方法单一，往往只进行谈话劝导，后再进行跟踪监测，实效性不够。

2011年5月教育部办公厅公布了《普通高等学校学生心理健康教育课程教学基本要求》，开始明确规定了大学生心理健康教育课程的内容结构和教学大纲。当前高职院校都把心理健康教育作为通识教育的内容之一，试图对高职大学生进行全面、完整的教育。在高职大学生心理健康教育课程内容设置上也力求全面，包含心理健康概述、环境适应、学习心理、人际交往、情绪调控、恋爱心理、就业心理、常见心理障碍的识别与预防等。纵观部分高职院校使用的教材，发现有以下问题。

首先，尽管内容很全面，但都是泛泛而谈，而且教材内容大多呈现滞后性，不切合当下高职大学生的心理实际，难以引起高职大学生的共鸣；其次，现有教材过于追求专业性与全面性，造成语言风格与描述方式过于刻板，理论色彩浓厚且实用性欠佳；最后，有些教材采用专业学科课程的编排方式，没有创新性和开放性，造成教学过程操作性与体验性效果不好。

要解决课程内容设置中的问题，必须先对大学生的心理特点和心理需求进行摸查，有针对性地设置课程内容。高职院校心理健康教育课程的教学内容需符合信息时代下高职大学生心理发展的特征。高职大学生心理健康教育应该是涵盖大学生活全过程的课程体系，以学生迫切关注的实际问题为出发点，内容建构上要有的放矢，这样才能与学生的心理需求相契合。

（二）心理健康教育课程内容设置的理论依据

为了探讨高职大学生心理发展规律和特点，更好地为心理健康教育课程内容设置提供理论依据，笔者曾先后对高职院校课桌文化和网络论坛进行了心理分析。

对课桌文化的心理分析发现高职大学生主要关注以下问题：对人生意义及未来的思考、对爱情的探索及情感困惑、自我迷茫与情绪困扰、对性的看法、自我宣泄及渴望解放个性。而对网络论坛分析所反映的高职大学生的心理主要是对爱情的探讨及情感困惑、对大学生活的感想及未来的思考、娱乐消遣及抒发个人情怀、关注性等。课桌文化与网络论坛分别是不同时代高职大学生反映思想和欲念的载体，它们所揭示的高职大学生心理具有典型性和代表性，也比较真实地反映了高职大学生的心理需求和心理状态。通过对上述结果的比较分析，不难发现两者之间具有内在一致性。例如思考人生和未来、爱情的迷思等。不同时代不同载体的一致性反映了高职大学生心理发展过程中的必然规律，它构成了对高职大学生进行心理健康教育的理论依据，也提示了心理健康教育课程内容必须紧紧围绕这些规律来展开。只有这样，才能满足高职大学生心理发展的需要，提高课程的目的性和实效性，引起学生的兴趣，促进学生心理发展。

三、心理健康教育是保证校园秩序的必要措施

高等教育阶段的特殊性在于学生来自五湖四海，每个学生的家庭背景和生活方式都不同。高职院校心理健康教育是以学生的心理健康标准为基础，保证每个学生都能受到良好的心理健康知识教育，再通过学生的内化将其表现出来。高职大学生接受了同样的心理健康教育，因而其心理承受底线类似，能外化为在日常的学习生活中主动遵守秩序，促进师生之间人际交往的协调性，方便了学校的管理，维护了高职院校的正常秩序，建设了文明和谐校园。

四、心理健康教育是提高学生综合素养的必要手段

学生求知和成长是一种持续不断的心理活动和心理发展过程。教育提供给学生文化知识，学生个体进行选择、内化，将其渗透于个体的人格特质中，不断提高自身心理素质并走向成熟。学生以心理素质为中介和先导，促进创造意识、自主人格、竞争能力、适应能力的形成和发展。在复杂多变的社会环境中，保持良好的心理适应状况，是抗拒诱惑、承受挫折、实现自我调节的关键。以此而言，学校心理健康教育的成功与否，关系着他们心理素质的高低和综合素质的强弱。

五、心理健康教育是帮助学生转变角色的可靠途径

大学这个阶段是相对特殊的阶段，通过大学阶段的教育后，大部分学生会走

入社会，成为国家的建设者。从学生到建设者身份的转变，是需要极强的心理接受能力的。不同的身份角色，所需要的行为习惯和心理素质不尽相同。行为是会受到心理的影响的，同时行为反过来又可以内化成心理素质。高职大学心理健康教育可以通过对社会人才需要的品质进行研究，组织在校的日常心理活动，让学生逐渐意识到，自己的身份会发生变化，提前做好心理准备，为日后步入社会打下心理基础。

六、心理健康教育有助于对高职大学生的管理

（一）有助于推动高职大学生的综合发展

针对高职院校大学生而言，具有积极健康的心理素质及优秀的学习态度，对大学生日后更好地发展起着十分重要的作用。现阶段，社会就业岗位竞争逐渐激烈，21 世纪市场人才战略不但转变了当前世界所有国家对高等教育的原有看法，亦为高职院校大学生设定了更为高远且广阔的方向与目标。由于我国人口整体数量十分庞大，造成我国高职院校学生在社会市场面对的竞争压力要比其他国家的高职院校学生更为繁重。因各种因素带来的消极影响持续产生在学生身上，主要呈现为学生考试过程中出现作弊行为，更严重者还会展开学术造假，故而对高职院校学生的综合发展、学业进步及学术建设均具有十分不利的影响。另外，高职大学生的心理素养薄弱会让其产生各种负面情绪。众所皆知，每一个主体的精力是固定的，如若高职大学生将自身精力与时间过度浪费在消极情绪上，得到的只能是消极不良信息。积极健康的心态应当保持乐观向上，专注于自身的本职工作，优秀的心理健康教育，有助于高职大学生将时间和精力均投入专业发展和学业上，从而推动学术的不断发展，为高职院校大学生日后更好就业奠定牢固基础。

（二）心理教育有助于创建和谐校园

21 世纪的高职大学生具有更为重要的责任使命，这一时代的社会需要复合创新型优质人才，拥有创新能力和创造精神的人才在推动和谐校园稳定建设方面发挥着十分重要的作用，能够推动高等院校自我管理水平的有效提升。如若想获得全面发展，只有好成绩是远远不够的，积极健康的人生观及心态是当前社会衡量优质人才的关键标准。然而，当前高职大学生存在的心理问题整体数量可谓十分惊人。我国教育部门相关领导曾经针对大学生自杀率做了统计，呈现出心理健康问题的严峻性，根据相关数字，从本质角度来探究心理健康教育对高职大学生具

有的重要作用。大学生自杀不但对其自身产生无法弥补的伤害，亦为自己的家人和朋友带来巨大阴影与伤害，与此同时，亦为整个高等院校校园稳定发展带来诸多不良因素。现如今，大学生自杀原因引起我国社会的广泛关注，导致其产生自杀行为的原因诸多，不仅包含客观因素，而且还囊括主观因素。在我国高等职业教育中，大学生是最主要的一部分，故而大学教育人员需要提升自身认识，注重心理健康教育对高职大学生产生的影响，让他们对生活充满积极向上的良好态度。良好心理与和谐校园二者相互依存、相互协调、相互影响，优秀和谐的校园能够培育出健康友爱的心理，而友爱健康的心理能够营造出和谐自由的校园。另外，和谐健康心理是对高职大学生展开心理健康教育的主要内在要求，是协助高职大学生心理健康发展的关键教育平台。

（三）有助于促进国家社会稳定发展

心理健康教育对创建和谐稳定社会具有非常重要的意义，是提升学生道德素养，提高社会和谐发展的基础条件。基于此，高等院校不但需要注重学生群体的思想道德素养、文化素养及身体素养的有效培育，还应当注重学生心理素养的全面培育。通过对高职大学生个性化特征的了解，学校应当"以人为本"，积极努力提升高职大学生的思想品质和心理健康水平。增强高职大学生心理健康教育不但有助于学生的发展成长与和谐融洽校园的创建，更有助于我国和谐社会的不断发展。从广义角度而言，和谐校园和社会在科学内涵层面是相同的。如若想创建和谐自由校园，则要明确高职大学生心理健康教育的重要性，其是提升学生道德素养，提高学生化解心理、个人及社会矛盾的优秀能力。众所皆知，校园属于社会的分支，校园的和谐稳定，同样有助于社会的和谐稳定。除此之外，身心健康亦是社会建设者及接班人的关键条件之一，当高职大学生身份发生转变时，具有积极健康的心态和人格，有助于大学生社会人际关系的牢靠稳定，有助于促进我国和谐社会的不断发展。

第三节　高职大学生心理健康教育的途径探索

近几年，高职大学生因为自身心理状态及精神障碍等原因伤害他人甚至伤害自己的高职院校危机事件时有发生，这给当代高职大学生和学生家庭都带来了极恶劣的影响，也引起了社会各层面的广泛关注。高职大学生的压力来源于家庭、学校、社会等多方面，同时高职大学生的生理、心理仍处于发展阶段，压力的堆积容易引发多种心理问题，若不进行合理的干预，高职大学生的全面健康发展将成为空谈。因此，加强高职大学生心理健康教育是贯彻国家素质教育的重要途径，也是促进高职大学生全面发展的有力手段，这项工作对于高职院校来说刻不容缓且任重道远。

一、针对学校对心理健康教育重视不够的解决途径

（一）施行全方位多样化的心理教育手段和内容

从 20 世纪 80 年代开始，我国高职大学生的心理健康教育工作开始步入正轨，但与西方发达国家相比还是略晚些。各大高职院校应当意识到开展高职大学生心理健康教育的重要性及必要性，将这项教学工作融入学校的教学任务当中，为相关教学开展工作提供保证。与此同时应当认真总结经验教训，参考其他高职院校的心理健康教育手段，制定符合实际的高职大学生心理健康教学实施计划，明确教学目标，建立有效的心理健康教育评估体系。学校应对高职大学生心理健康教育进行科学、正确的管理，将其归纳到整体的教学任务当中，设立相关的心理健康管理部门，明确部门内各职责的工作。定期开展心理教育实践工作，例如心理健康讨论大会、心理咨询大会等，认真将高职大学生心理健康教育落实到实践当中，积极管理心理健康辅导办公室，力争为高职大学生排除心理方面的难题。

另外，新时代高职院校想要不断优化学生的心理品质，一定要开设全面、多样的心理健康教育课程，通过该课程向学生传授心理健康的知识，不断强化学生的心理素养，进而全面提高学生的心理健康水平。心理健康教育课程一定要结合学生的实际情况和心理特征，注重问题的发现，以便更好地帮助学生解决实际的心理问题。例如新生入学适应辅导、情绪管理辅导、恋爱与性的心理辅导等，依据不同阶段的不同心理问题，有针对性地实施心理健康教育教学。在日常的学习与生活中，可以总结学生普遍存在的心理问题并进行专题教育活动，给予学生正确的引导。高职院校可以编写一本《高职大学生心理健康手册》，在手册中针对不同的心理问题进行讲解，当学生遇到心理问题时可以在其中寻找解决的办法；学校也可以组织学生心理健康调查，对他们的心理健康进行排查，进而建立高职大学生心理健康教育档案，及时发现存在心理问题的学生，包保驱动，对其提供心理方面的疏导。

（二）加强和完善学生心理危机防御机制的构建

1. 心理危机的内涵

美国心理学家安德鲁·卡普兰 (Andrew Kaplan) 首次提出，心理危机是当一个人面临困难情况，而他先前的处理问题的方式和惯常的支持体系不足以应对当前的处境，他必须面对的困境超过了他的应激能力时所表现出的心理失衡状态。21 世纪以来，物质主义、金钱主义及利益主义渗透进大学校园，大学生的心理健康问题日益显现且愈发呈现出难以预防和控制的趋势，学业压力、就业压力、情感压力、交际压力所带来的抑郁症、焦虑症、人格障碍等病症日益增多，心理疾病患病率比例逐年攀升。因此，及时了解学生的心理健康现状，精准把握高职大学生思想与心理变动，分析内外原因，多方、多渠道合力进行危机疏导，逐步引导他们形成积极的人生观、价值观和世界观，这是当前各高职院校学生工作者必须要深入研究的重要课题，也是清晰认识自我的一个途径。

2. 高职院校心理危机干预现存问题

近些年来，我国高职院校对大学生心理健康重视程度逐年提高，心理危机事件应对能力也有一定提升，但目前在实际工作中，高职院校心理危机干预工作依然存在亟须解决的问题，相关管理机制仍需完善。焦点问题具体体现在心理健康教育缺乏深度、心理危机干预专业性缺乏、心理危机干预制度尚未完善及心理危机预警体系缺乏等方面。

（1）心理危机干预专业性缺乏

危机干预人员对心理危机认识的缺乏、危机事件处理专业能力的缺乏都对危机干预形成一定的阻碍。对危机事件的评估除需要具备专业的心理学相关理论外，还要了解相关精神病学知识，使危机干预人员能够对正常心理和异常心理进行鉴别，做好及时转介。但实际工作中，干预人员缺乏具有针对性的专业培训，心理援助的实际效果并不理想。干预人员缺乏系统危机干预专业知识培训，对危机事件的识别缺少敏感性，进而无法制定出有效的危机干预策略，还会进一步扩大危机事件中个人能力的限制，对自身的胜任能力产生怀疑。危机事件发生的概率较小，对危机事件认识的缺乏将导致危机预防工作不到位，当出现危机时容易从校园管理层面出发对学生进行干预，忽视心理层面的重要影响，可能会导致心理问题持续作用于个体身上，再次出现危机问题，形成不良循环。

（2）心理危机干预制度尚未完善

高职大学生心理危机工作尚未形成优化管理制度模式，危机应对不能形成明确有效干预步骤。各部门在危机干预中职能界定模糊,在校管理人员发现学生处于危机状态时,通常缺少规范性干预认知,处理危机往往杂乱无章,干预环节疏漏较多,在相关报告制度、备案制度及保密制度等方面出现较多问题。同时在干预过程中不能有效利用高职院校心理咨询中心、家庭、医院等多方联动机制,可能会导致学生解除危机状态后的社会功能恢复受阻,再次面临危机状况。高职院校心理危机干预目标不仅仅是解除学生当下的危机状态,更应该提高学生的危机应对能力,协调学校、社会、家庭及学生个人多方机制,若仅凭某一单方行动应对学生危机,则干预后效果较难达到理想状态。完善的危机干预制度是良好应对危机事件的基本保障,明确危机干预工作细则及相关工作处理流程,将使高职院校危机干预工作有章可循、有制可依,目前高职院校危机干预系统仍存在较大缺漏,对日常危机干预工作形成阻力,需进一步加强完善。

(3)心理危机预警体系缺乏

目前高职院校危机工作人员往往容易忽视危机预警信号,难以在第一时间发现潜在危险因素。只有准确识别学生释放的危机信号,才能早做预防和应对,进而有效降低危机事件的危害性。尽管多数高职院校已经建立"学校—学院—班级—宿舍"四级心理网络预警机制,但在实践过程中很难充分发挥预警机制作用。在四级网络中,第三级与第四级均来自学生群体,危机干预专业性下降,学生很难敏感捕捉到预警信号,或出现漏报、瞒报等情况,增加了危机早期识别的困难。虽然目前各高职院校普遍在新生入学之时进行心理普查,筛查出高危学生群体并进行心理疏导,但心理普查问卷大多采用自评量表进行筛查,因而会出现学生隐瞒问题胡乱填写的情况,很难真实测得学生的心理状况。心理普查施测对象普遍为大一新生,大二、大三的学生不在被测范围内。然而心理状态是动态变化的,很难探查到高年级学生的心理健康状况,因此心理普查无法实现全方位危机预警。

(4)心理危机干预信息化应用不足

在心理危机干预过程当中,主要以新生入学的心理筛查为起点,通过问卷筛查出重点关注的学生,建立心理健康档案,在学期间通过个体心理咨询和团体心理辅导等形式进行干预,避免危机发生。在这一过程当中,问卷筛查主要采用教育部统一要求问卷,而后心理档案与心理辅导记录以学院统一要求完成,未能将教育部问卷筛查结果与心理咨询和危机干预统一到一个信息化的系统当中,在心理危机干预一系列流程中,信息化手段应用尚有不足。

(5)家校针对心理干预合作沟通不足

在心理危机干预过程当中,筛查或咨询过程中发现学生心理问题较严重,需要转介到专门的医疗机构时，便需要二级学院与家长联系，这其中便会遇到家长不配合的情况。有些家长担心相关的就诊记录会给学生未来发展带来不利影响，因此不愿配合。在家校合作沟通部分，仍存在一部分阻力，对于沟通流程和效率，需进一步关注。

3. 高职院校心理危机防御机制构建的策略

高职院校心理危机工作需要多部门协同参与应对，要加强心理危机知识科普、提高学生对危机事件的认识、重视自身身心健康。校方建立多方联动机制、完善相关制度，对相关工作人员定期进行专业培训，提升危机工作人员专业能力及个人素养，保障学校学生身心健康和生命安全，营造和谐稳定的校园环境。

（1）加强心理危机知识科普

高职院校危机干预重点应从学生个人发展角度考虑，危机干预不仅能帮助学生顺利度过当下危机，更应帮助学生学会采取积极的方式应对心理危机，提高学生个人调适能力，增加心理弹性，促进学生终身发展。因此在日常工作中应加强心理危机知识宣传，开展专题讲座，开设相关课程，进行团体心理活动或个体心理咨询，对学生进行心理危机专题知识科普，帮助学生树立正确健康观念，培养学生良好品格和优良心理素质，从而减少危机事件的发生概率。

（2）建立动态的学生心理档案库

各高职院校领导、学生工作者应当高度重视并认真对待新生入学心理健康普查，提供安全、舒适、私密的普查环境，消除学生的顾虑。学生完成普查后，指派专业且专职的心理教师根据每名学生的普查数据进行定级划分，其中定级可分为Ⅰ、Ⅱ、Ⅲ三个等级。Ⅰ级表示已经出现心理危机需要重点关注的人群，Ⅱ级表示出现心理危机征兆或者心理危机潜在者需要关注的人群，Ⅲ级表示暂时没有心理问题且不需要关注的人群。各二级学院按照定级数据分班建档，针对普查结果为Ⅰ级的学生提前制定危机干预方案，由辅导员及校级心理咨询教师通过单独访谈的形式，进一步了解并重新评定普查数据，录入个人心理档案库，若情况特别严重的还可以寻求专业心理咨询师特别处理；对普查结果为Ⅱ级的学生，不仅要将他们列入班级重点观察的对象，加强这类人群的监测预警，还要在日常学习生活中加强对他们的思政教育及心理危机教育，通过言传身教，潜移默化地影响并积极干预他们，避免这些学生出现严重的心理危机倾向；针对第Ⅲ级人群，也应该利用各种常规途径进行心理健康教育，让他们正面了解心理危机，提升面对心理危机地自我处理、自我干预的能力。

（3）完善心理危机咨询渠道和沟通方式

心理危机具有隐秘性的特点，现实中很多人担心隐私被泄露，不愿意打开心扉袒露心声。随着现代信息技术的高速发展，人际交流的方式与工具打破了时空的限制，微信、小视频、公众号等交往媒体的广泛使用，也为心理危机的防御提供了新的渠道与方式。一方面可以利用校园网监控 QQ、微信、校内论坛、浏览器等，通过他们的发言、浏览内容等信息获取大部分学生的数据资料，随时更新档案库信息，但在操作时一定要注意对提取信息的保护，防止信息安全事件的发生；另一方面可以采用班级心理活动周、心理知识竞赛、情感倾诉等公开或非公开的形式，使学生知道、了解相关心理健康知识，培养预防意识。

（4）提高危机干预人员专业能力

目前高职院校危机干预人员紧缺，需加强心理危机干预队伍建设，增加专职心理教师人员数量，配备相应兼职教师及学生助理，扩大危机干预团队。同时危机干预工作人员需定期参加高职院校危机工作相关的专题培训，举办心理危机干预工作研讨，增强个人专业能力，提高从业人员心理素质。提升危机干预人员专业素养还可通过督导培训的方式，发现个人工作中的潜在动力与问题，通过聘请更加资深的危机工作专家进行线下指导，提高个人技能，促进心理危机人员个人发展，保障学校危机干预工作专业化、规范化。

（5）完善心理危机干预制度及预警制度

心理危机干预的顺利开展依赖于健全的危机干预制度及危机预警制度，积极构建心理危机干预系统，加强"学校—学院—班级—宿舍"四级网络系统，发挥一级网络整体调控作用，优化院系二级心理辅导功能，提高班级心理委员和宿舍心理联络员相关的危机认识，明确各层级相关作用与能效，充分发挥四级网络机制作用，对学生心理危机做精准预判，建立多维、动态预警体系。学校在开展心理普查的同时也要关注学生的家庭背景、人格特点、人际关系情况等方面，做到多维危机评估，形成心理问题筛查、评估、干预、跟踪等整套工作机制，加强学校危机管理，提高危机干预工作的科学性和有效性。

①常规心理教学，塑造阳光心态。健全心理健康教育课程体系，结合实际，将心理健康教育课程纳入学校整体教学计划，积极课改，规范课程设置和教材建设，加强对学生知识教育。对新生开设心理健康教育理论与实践公共必修课。同时根据不同年级学生实际需求，开设"人际交往技巧""消费心理学"和"心理电影赏析"等选修和辅修课程，开发、建设"积极心理学"等在线课程，丰富教育教学形式，激发高职大学生的学习兴趣，塑造学生阳光心态。

②预防教育，增强学生心理韧性。以发展性心理辅导为主的心理健康教育活动系列，实施分类引导，针对不同学段、不同专业、不同文化背景的学生，精准施策、因材施教，把解决思想问题、心理问题与解决实际问题结合起来，在关心呵护和暖心帮扶中开展教育引导，普及心理健康知识，提高心理健康水平，增强学生心理韧性。

③日常心理教育宣传，提升学生关注心理意识。"线上＋线下"的互动融合，通过加强人文关怀，培育学生自尊自信、理性平和、积极向上的健康心态，进一步提高高职院校心理育人的工作质量，为学生搭建起锻炼心理品质、提高心理素质，有效应对心理危机的坚强堡垒。尤其是在新冠疫情防控期间，应进一步普及心理健康知识，宣扬"敬畏生命、健康第一"的理念，调动学生在疫情防控期间参与心理健康教育活动的积极性，促进大学生对心理调适方法的思考和学习，以高质量的心理健康教育供给，满足学生多元和个性化的健康需求，缓解伴随疫情而生消极情绪，积极应对心理潜在伤害。

④优化心理咨询服务平台，及时预防心理危机发生并及早转介。

根据学生心理筛查情况，及时追踪重点关注对象，在学生遇到发展性问题时，及时提供支持，将个体咨询与团体咨询相结合，同时辅以绘画沙盘等多种形式，严格按照伦理规范进行咨询，同时对学生心理咨询记录进行存档。在新冠疫情防控期间，开展心理支持热线：以心理健康中心工作人员为主，结合疫情等突发情况，为学生提供心理支持热线服务，及时发现并应对危机事件。工作人员在上岗之前接受新冠肺炎疫情应对心理援助培训，向省高职院校心理健康教育专家工作指导组下设心理咨询督导组寻求专业督导，保证心理服务质量和工作人员的自我关照。充分发挥心理热线服务平台等现有心理危机干预热线的辅助作用，实现24小时全天候为全校师生提供心理咨询服务。在新冠疫情防控期间，提供网络心理服务：面向可能发生危机的学生开展更为及时的心理辅导，加强运用网络心理咨询平台（心理中心微信订阅号、微信、QQ等）服务学生，根据自身意愿和需求可选择开展线上或线下心理咨询。辅助学生心理重建，挖掘学生自身资源力量，帮助其减轻心理困扰。新冠疫情防控期间，进行团体咨询服务：根据学院各院系和各团体提出的申请，结合学院心理危机干预工作方案，开展"生命教育"等主题团体咨询服务，开展"同心抗疫"等多样化的线上团体咨询服务。

⑤相关部门预防。高度重视心理危机干预工作，建立危机干预工作小组，由学校中层领导担任危机干预工作小组组长，在学院危机干预小组的领导下，结合学生处、二级学院心理辅导站、保卫处和后勤处等积极预防危机事件发生。除心

理状态以外，从场所地点等方面与相关部门配合，共同预防校园危机事件的发生。

⑥积极建立预警系统和应急干预系统。

心理测查：通过新生入学心理测查措施和春季高发期测查等，建立危机事件筛查和预警系统。建立学生心理健康普查和排查制度，二级学院给学生建立心理档案，并对特困生、学习困难生、有既往病史等重点学生进行特别跟踪；设立班级心理委员，对学生的状况进行及时了解和掌握；建立家校沟通长效机制，发现问题，及时预警、干预，防患未然。

精神科医生坐诊排查：邀请专家定期在校园坐诊，对可疑高危群体进行诊断，最快速作出排除、跟踪关注和转介等决定。同时请精神科医生对心理危机干预工作人员，进行相关内容的培训，严格排查。

四级预警中寝室长与班级心理委员作用：在教育部发布《高等学校学生心理健康教育指导纲要》当中，已明确四级预警系统当中寝室长和班级心理委员的作用，因此应定期对寝室长和心理委员进行心理危机相关培训，充分发挥第一道防线的作用，第一时间对潜在的危机信号进行预警。如通过同寝室或同班级同学的微信、QQ等社交媒体动态，关注可能的危机信号等，及时联系辅导员或院系；通过朋辈辅导，帮助同寝室或同班级同学调整心理状态等。

健全心理危机预防和快速反应机制，建立"学校—院系—班级—宿舍四级预警防控体系，完善心理危机干预工作预案，明确工作流程及相关部门的职责，在危机发生后能够第一时间进行干预，依据学校实际情况编制危机预防工作细则，并定期开展心理危机处理案例模拟演练，让参与心理危机干预工作的所有成员熟悉各自的职责及危机事件处理流程和通报规定。

二、针对学校内部心理健康教育师资力量不足的解决办法

高职院校在提高对大学生心理健康教育重视程度的同时，应不断提高学校心理健康教育师资力量、水平。贯彻落实教育部发布的《高等学校学生心理健康教育指导纲要》，建设高素质的专业型教师团队，建设以心理健康教育专业教师为首的心理健康咨询队伍。与此同时，大力开展对大学生心理健康教育相关教师的专业技能培训，通过多方面的培训不断提高教师的理论水平、应变能力、专业素养和专业技能，提高教师解决大学生心理问题的能力。国家应提升对大学生心理教育事业的重视程度，加大奖励制度，激发更多的人向心理健康教师的职业进行转变，增加我国心理健康教师基数，促进大学生心理健康教育事业的发展。

（一）建设心理危机干预专业教师队伍

1. 心理危机干预工作教师人员配备

按照教育部《高等学校学生心理健康教育指导纲要》要求，在校对学生进行心理健康教育工作的师生比应保证 4000∶1，其中应有专人负责校园心理危机干预工作，同时各二级院系心理工作站也有专人负责相关工作，保证心理危机干预工作人员配备。同时相关人员应具备基本的心理工作资质，参加过伦理培训，能够保证工作遵循伦理规范要求。

2. 教师危机预警意识培养

在教学、管理、服务中渗透生命教育，提高学生应对挫折、解决心理问题和处理危机的能力；普及心理危机预警知识，提高教职员工和大学生的心理危机辨识能力及防范意识；让每一个师生都知晓校园心理危机求助专线。

3. 教师危机识别及干预技能提升

每年定期开展专业人员培训、案例督导和个案研讨，不断提高心理危机预防干预专业水平，如进行"危机干预中自杀高危人群的识别技术"等培训，详细解读《精神卫生法》的重点内容。为心理中心负责人、心理专兼职教师、各二级学院书记和心理辅导站负责人开展相关培训，同时中心专职教师在市精卫中心进行临床进修，提升常见精神障碍和心理行为问题的识别意识和能力。

（二）建立及优化高职院校心理委员制度

1. 心理委员制度概述

心理委员制度是指在学校班级内专门设立负责心理健康教育的班委成员的制度。具体来说，就是以学校心理咨询中心为基础，成立以学生为主要成员的心理委员队伍，即在班级中任命心理委员，专门负责开展心理健康教育工作。

2. 心理委员制度优化策略

（1）规范心理委员选拔机制

①完善心理委员选拔制度。鉴于绝大多数高职院校缺乏相应的选拔制度来实现心理委员队伍的专业化这一问题，有必要确立和完善心理委员选拔制度，明确心理委员的选拔标准、选拔时机、选拔过程、人数设置与任用期限等形成专门的制度体系。比如在选拔时机的选择上，一般在新生入校一月之后，这时学生生活、学习有所适应；在人数设置方面，明确规定 60 人以下的班级设立一男一女两名心理委员。

②规范心理委员选拔程序。心理委员选拔方式不同于其他班干部，需要学校

制定统一的选拔办法，由各院系进行专门选拔，再由学校培训上岗。首先，院系负责人要高度重视选拔工作，在选拔之前应该介绍岗位的职责、工作内容等，让学生充分了解之后再竞选。其次，心理委员选拔过程应严格遵循自愿报名、综合考察、培训上岗的程序。认为自己有能力且可以胜任心理委员岗位的学生都可向辅导员或班主任报名。在综合考察阶段，班主任或辅导员按照标准，可通过笔试、面试和问卷调查的方式对心理委员的胜任力特质进行考核，确保心理委员的个人素质与岗位需求高度匹配。心理中心对选任的心理委员开展培训，合格者持证上岗，不合格者加强培训或淘汰。通过一系列规范程序选拔心理委员，就是对选拔出的心理委员及心理委员职位的肯定，从而减少中途脱落和消极怠工的可能性，便于心理委员更加积极主动地开展工作。

③明确心理委员选拔标准。心理委员的选拔需要特别注重学生的综合素质，还要突显心理健康工作所需要的专业素质。一些学者对心理委员胜任力特质进行了研究。易思佳在心理委员胜任力模型的研究中，提出组织能力、自我认知、工作动机、团队合作、性格特质、工作态度与专业知识七个胜任力因子。有专家指出心理辅导员的胜任力结构包括工作素养、个性特质、自我成长。一般认为，乐群性、稳定性，较强的观察力、沟通能力和组织能力，较高的自我效能感、助人特质、责任意识，良好的心理健康状态等可作为心理委员选拔的参考标准。各高职院校也可以编制适合本校心理委员胜任力特质问卷及选拔标准作为指导文件。

（2）健全心理委员培训机制

①拓宽心理委员培训形式。传统心理委员培训形式单一，仅限于学校心理老师的报告、讲座或知识讲授，虽然有重要作用，但难以达到效果。所以应拓宽培训形式，创新多元培训方式，如案例教学、团体辅导、情景剧、电影赏析、角色扮演、拓展训练等灵活多样的培训形式，可以激发心理委员学习的热情，在有限时间里加深对理论知识的理解和消化，提高实战能力。比如设置案例场景，让心理委员亲身体验，深入了解当事人的情绪状态；在特殊案例中，如何明晰职责边界，注重伦理守则等。条件允许的情况下，一般应以小班化、精细化培训为主。此外，在"互联网＋教学"的背景下，慕课（MOOC）、微课等新型教学方式突破了传统培训的时空限制，依托互联网使学习更加便捷、更容易实现，同时网络课程教学单元模块化的特点更容易激发学生的学习热情。比如依托全国高职院校心理委员研究协作组而建立的高职院校心理委员工作平台，通过心理委员的角色与定位、心理委员的会谈技巧等14个专题的心理委员培训，开展全国高职院校心理委员MOOC认证，进一步拓宽心理委员培训的途径。

②丰富心理委员培训内容。心理委员岗位的特殊性和工作的专业性，对心理委员培训内容也提出了更高要求。培训内容应该包括专业知识、专业技能、职业认知、伦理道德等方面。专业知识主要涉及心理学基础知识、心理咨询理论、大学生常见心理问题症状及鉴别方法、常用心理测试工具的使用等；工作技能主要有心理咨询的基本操作方法和技术、心理危机干预方法、团体心理辅导技术；职责认知主要是使心理委员明确工作职责、清晰角色定位；职业道德主要有基本职业道德规范、态度和价值观，尤其是保密原则。培训内容还应该提高针对性，全面回应学生的心理新需求，把学生传统需要如学习压力、人际困惑、情绪问题等和新型需要如性心理困惑、网络心理等结合起来。

③优化心理委员培训。组织心理委员的培训工作应该具有连续性、系统化、专业化特色。高、低年级的心理委员应该要注重连续性，班级心理委员一旦被选定，就要积极主动地参加一系列专业知识和技能培训，无特殊情况不得缺勤。而针对不同年级的心理委员，培训的侧重点应该有所不同，如大一以入学适应性教育、学习心理、自我认知、恋爱心理、学业规划等方面的培训为主；大二以人际关系处理、情绪控制、人格完善等培训为主；大三重点开展就业、创业心理培训等。培训期间，分层组织、严格考勤、规范考试，最终总成绩由考勤、调查报告、结业考试三部分构成，颁发结业证书，全方位提高每一位心理委员的理论水平和实操技能。

（3）完善管理和考评体系建设

①规范心理委员的管理。有必要将心理委员的管理科学规范化。组织管理方面，心理委员一旦确立，任期直至毕业，原则上不轻易更换，否则会影响到心理工作的整体运行，包括心理培训的连续性被中断、同学间已建立的良好信任遭到破坏等。工作归属上，心理委员属于班干部成员，但因其岗位具有特殊性，应由心理中心和院系班级共同管理。心理中心负责业务管理和培训指导，辅导员（班主任）负责日常管理。

②优化考核评价机制。对心理委员的考核应从多方面进行。从心理委员参加培训情况、班级心理活动开展情况和日常心理工作完成情况等方面加强考核，建立学校、学院、班级多重考核模式。建立班级心理委员工作考核方案，将客观心理工作完成指标与心理委员的自评，班级学生对其心理工作的评价，以及辅导员、心理中心的评价结合起来。

（4）健全激励机制，充分发挥心理委员职能

在充分优化考核评价机制的基础上，还要创建高职院校心理委员队伍的激励

机制，通过良好的激励策略，发挥心理委员工作的积极性和主动性。对表现突出的心理委员进行表彰奖励，可以通过颁发"优秀心理委员"荣誉称号、班干部加分中设置较高分数、发放奖学金、荣誉证书等方式，激发其对心理委员工作的热情和责任感，防止出现懈怠心理，促进心理委员队伍充分发挥岗位职能。同时，鼓励心理委员参评由全国高职院校心理委员工作研究协作组举办的"全国百佳心理委员"评选活动，形成部门级、校级、国家级三个不同等级的激励机制。

三、针对心理健康教育教学手段及内容欠缺的解决途径

（一）建设完善的心理学体系

在开展大学生心理健康教育的过程当中，高职院校应当建设完善的心理学体系。对大学生进行全面、完整的心理健康教育，面向学校内的全体大学生开展心理教育，将心理健康教育工作的工作重心转移到学生的发展性问题。以教学课堂作为大学生心理健康教育的主要渠道的同时创新教学手段。例如可以开设大量关于大学生心理健康教育课程的相关讲座，向学生普及与心理健康相关的理论知识，激发大学生对于心理健康教育的学习兴趣；再比如可以开展心理健康学习小组，寻找关于心理健康的冷知识，在课堂上进行比拼，也不失为激励大学生自主学习心理健康相关知识的一种途径。除了上述两种教学手段外，还可以创办心理健康社团，在团期间可以免费学习更多的心理健康知识，学校可以为社团内的团员提供免费考取心理咨询师证的资格，以此激励大学生积极参与社团活动。

（二）创建多元化心理疏导平台

大数据背景下，网络的发展影响着高职大学生，所以可以通过网络创建多元化的心理疏导平台。例如通过微信聊天、邮件沟通等方式对学生进行一对一的心理辅导，及时解决学生存在的心理问题。通过网络进行心理咨询，学生更容易接受，且能够随时随地地进行沟通与交流，具备保密性，学生也更容易祖露心声，便于心理辅导老师抓准问题的根源所在，给予正确的心理疏导。除此之外，也可以设立专门的心理健康网站，网站上有不同的心理健康资料，通过图片、文字、动画等形式呈现在网站上。当学生认为自身存在心理问题又不知如何解决时，可以去网站上进行心理健康资料的查询，从而进行自我健康教育，解决自身存在的心理问题。不存在心理问题的学生，也可以通过该网站学习相关的心理健康知识，强化自身改善心理疾病的能力。例如某新入学的高职大学生不愿与同学们交往，

迷恋网络无法学习，他就可以在心理健康教育网站上寻求帮助。心理健康老师可以给予他鼓励，让他积极参与到班级的建设当中，担任班级干部，与同学们建立良好的友谊关系。

（三）利用新媒体创新心理健康教育模式

1. 新媒体在高职大学生心理健康教育中的优势

（1）新媒体影响高职大学生的学习方式

传统的教学方式使高职大学生习惯通过教师的授课获得新知识，缺少对学习主动性和知识探索性意识和技能的培养。新媒体出现后，高职大学生获取心理知识的渠道多元化、可借助的学习平台丰富化，便于提升自主学习能力。

（2）新媒体影响高职大学生的情绪管理

大学阶段是心理和生理走向成熟的重要阶段，对高职大学生的健康发展十分重要。该阶段容易产生多种情绪，如果不能及时、妥善地加以引导，很容易造成情绪发泄不当，出现危害身体和心理健康的行为。新媒体为高职大学生发泄情绪提供了多种渠道，微信、微博、论坛等平台为高职大学生的情绪表达提供了便利，使其心理动态及时得到关注。

（3）新媒体对高职大学生人际交往的影响

高职大学生渴望交朋友，建立自己的交际圈。新媒体为高职大学生开展人际交往提供了便捷的手段，借助新媒体技术实现了高职大学生人际交往的实时性，加深了其与周围群体的联系。

2. 新媒体环境下高职大学生心理健康教育的不足

（1）心理健康教育理念存在偏差

许多高职院校对心理健康教育的重视程度不够，对心理健康教育专业性的理念认知不足。同时，缺少对高职大学生网络心理健康的关注，并未将高职大学生的发展和健全人格进行紧密关联。

（2）心理健康教学手段单一

许多学校将心理健康教育课程作为辅助课程安排在专业课程之后，并未对课程进行过多设计，忽略了虚拟空间的教学优势，应改进教学方法。

（3）心理健康教育体系不完善

当代高职大学生多为"95后"和"00后"群体，其生活背景充满着智能化和信息化特色，但大多数学校并未形成高职大学生心理健康教育的课堂体系与网络教育体系的衔接，缺少对高职大学生网络心理健康情况的关注，应完善线上线下教育模式，引导高职大学生的心理发展。

3. 新媒体时代高职大学生心理健康教育模式的优化路径

（1）更新心理健教育的理念

新媒体时代彰显着大数据、人工智能、计算机技术等鲜明的时代元素，高职院校应主动接受新技术带来的改变，主动学习新媒体技术，做到教学理念的与时俱进。

（2）主动创新新时代的心理健康教育方法

利用新技术的教学优势，通过互联网展开教学设计，及时关注高职大学生的网络心理健康动态。高职院校可建立心理健康教育专项网站，发布心理健康教育相关的公开课或者电子书籍，开辟治愈热线和专栏，供高职大学生学习和表达情绪。通过官方认证的心理测评技术和专业测试平台，建立完善的学生心理健康档案并持续追踪和更新。

（3）创建丰富的心理健康教育体系

新时代的高职大学生心理健康教育需要协同各方力量，建立学校教育组织、专业院系之间的紧密连接。充分发挥班级辅导员、学生家长与外聘心理专家的作用，定期与高职大学生进行心理沟通。大学阶段是学生成长成才的关键时期，高职大学生心理健康教育在整体教育体系中发挥着不可替代的作用。

（四）积极开展体验式心理健康教学实践

1. 体验式教学的特点

体验式教学指的是围绕学生的体验感，设计相关的教学流程。学生的体验感，与教学氛围有关、与教学内容有关、与教师采用的教学方法有关，是一种非常复杂的学习感受。学生的体验感不同，对知识模块的理解与应用也会呈现出不同。为了帮助学生获得良好的体验，教师需要考虑各个因素，统筹各个因素之间的内在关系，达到内在协调、平衡。在体验式教学中，重点关注的内容主要有以下几点。①学生行为。在体验式教学中，体验的主体是学生，虽然教师也需要去体验，但学生参与其中，去思考、去行动，才是真正意义上的体验式教学。因此，教师要密切关注学生的行为表现，比如学生提问次数、学生讨论问题的态度、学生参与练习的积极性等。当学生情绪比较消沉时，教师要想办法去调动学生、激励学生。②学生反馈。学生的体验感如何？这个问题的答案，不能依靠教师去猜测，需要学生来反馈。作为教师，应认真搜集学生的反馈，包含学生对教学内容的体验、学生对教学形式的体验、学生对教学氛围的体验……从而了解体验式教学的真实效果。针对学生反馈，教师还可以升级体验式教学方案，以差异化、个性化为导向，满足更多学生的需求。③环境布置。体验感是一种综合感受，与周边环境因素有诸多关联。从体验感出发，教师要善于进行环境布置，创建一些积极因素。比如教师可以引入合适的信息化资源、教学工具、音乐元素等，打造特定环境，帮助学生集中注意力，全身心进入学习情境。在这种专心致志的状态下，学生没有太多杂念，整个人会卸下压力，更轻松、更愉悦，消化知识的速度更快。在高职院校心理健康教学中，体验式教学是一种新思路，与之相关的教学设计，也具有创新性。设计体验式教学时，教师应优先考虑的问题是：学生会有什么体验？而在传统教学模式中，教师第一个想到的问题是：采用哪种教案？教师的思考方式发生变化，后续的一切教学工作，都会随之改变。体验式教学的应用，有利于高职院校重新规划、部署心理健康教学工作。

2. 体验式心理健康教学的优势

（1）有利于营造特定氛围

在高职院校体验式心理健康教学中，教师会特别关注氛围的积极影响力，强调转变不利的氛围因素。比如在正式教学之前，高职教师将投入更多精力，有意识地规划教学场景，合理摆放各种教学工具，从心理健康教学的最终效果出发，创设学生感兴趣的场景，让学生对心理健康课堂多一份期待。再比如高职教师将立足学生体验感，排除一些干扰因素，如外界噪声、闲杂人等、不相关的装饰物等，使学生心无旁骛，全身心进入心理健康课堂。而且，从教师的角度来分析，这样纯粹的氛围，更适合教学，有利于高职教师保持饱满的教学热情，在日常工作中不断寻求新的突破。

（2）有利于集中学生的注意力

在体验式教学中，高职教师对"以人为本"的理解更加深刻。高职教师将围绕学生注意力，设计学生乐于体验的学习活动，引导学生全身心聚焦于某一个事物。具体来说：一方面，抛出探讨问题，结合心理健康教学内容及学生的兴趣点，高职教师将抛出问题，以"你怎么看""你怎么想""你怎么说"等句式，组织学生进行讨论，让学生的注意力集中起来，体验互动式学习、探究式学习，体验心理健康课堂的思辨性；另一方面转变课件形式，针对抽象的心理健康理论，高职教师将转变课件形式，呈现图文信息、影音信息，更清晰地解读心理健康理论的内涵，带领学生进入特定学习情境，让学生的体验感变得生动起来、具体起来，提高学生的专注程度。

（3）利于减轻学生的压力

如果学生带着压力去学习，很难获得良好体验。基于体验式教学，高职教师致力于减轻每一位学生的心理压力，带领学生体验积极式学习。比如设计心理健康教学流程时，高职教师将突出学生的体验感，用心设计导入环节，强调简单导入、趣味导入、生活导入，与学生的学习需求相契合，调动学生的学习情绪，转变学生对心理健康课堂的刻板印象，让学生从消极、排斥的状态变得轻松起来、乐观起来。再比如在授课过程中，高职教师将巧妙渗透一些激励式话语，如"很好""很有见解""很有想法"……对教师来说，这些话语很简单、很朴实，并不需要投入很多精力。但对学生来说，这些话语则意义非凡，蕴含着强大能量，可以带给学生无限动力。学生在这些激励式话语中，更容易找到学习自信，消除内心压力。

3. 体验式心理健康教学的实践路径

（1）策划体验式校园活动

在心理健康教学中，高职教师可以利用校内资源，策划体验式校园活动。举例来说，高职教师可以策划"如果我是你——心理体验活动"，分成不同情境：如果我是老师，如果我是家长，如果我是蜘蛛侠，如果我是超人……将学生放在相应情境中，改变学生的角色，让学生体验不同角色的生活方式、心理动态。这样的体验式学习活动，可以培养学生的同理心，让学生懂得换位思考。而且，在现实生活中，并不存在真正的超人，当学生站在超人视角，会发现超人也有无奈，超人也有苦恼，超人并非无所不能。这样一来，学生会更加懂得知足、感恩，做自己能力范围内的事情，满足于自己拥有的一切，不寄希望于虚幻世界，这样可以培养学生的务实精神。

（2）组织体验式校外实践

结合丰富的校外资源，高职教师可以组织体验式校外实践活动。比如高职教师可以组织"城市外卖员——心理体验活动"，让学生进入外卖平台，真实体验外卖员的工作、生活。在这个过程中，学生需要挑战很多未知领域。"您好，我已到达配送点"，这句话的背后，可能是反复查阅地图、多次走错路，甚至还会遭遇摔跤、物品损坏等意外；"您好，您的餐已送到"，这句话的背后，可能是长时间等待、无人回应；"您好，祝您用餐愉快"，这句话的背后，可能是客户的漠视，可能是饥肠辘辘、无暇吃饭的辛酸……这些看似简单的话语，蕴含着外卖工作的不容易。类似这样的校外体验活动还有很多。高职大学生参与其中，可以迅速成长起来，更深入地理解课堂上的心理健康理论。

（3）开发体验式线上课程

利用信息化条件，高职教师可以开发体验式心理健康线上课程，指导学生进行线上学习。在该课程的教学中，高职教师要注意：①以活动为主，体验式心理健康线上课程要带有趣味性和轻松性，有别于传统的线下课程，充分尊重学生的体验感，因此，高职教师要避免长篇大论的说教，多设计一些活动，如"回忆难忘的一件事——心理体验交流活动""我手写我心——心理体验写作活动""如果重来一次——心理体验演讲活动"等；②设置评估环节，学生学习体验式心理健康线上课程之后，高职教师应及时部署评估工作，让线上教学有始有终，形成一个科学的闭环，在评估环节，高职教师不能只看分数，要透过分数表象，发掘内在问题，重点检查学生群体的收获情况、进步情况、创新情况，从学生长远发展视角，与学生展开心理健康对话，为学生后续学习提供一些建议。

（五）拓展心理健康教育教学内容，推进融合教育

1. 生命教育

生命教育重在探索生命意义能力的培养和加强。生命教育的体系主要包括两个层面。

（1）肉体层面

要教会学生保护自己的安全。由于校园暴力、学业压力造成自杀、他杀的不良行为增多，学生对于生死的认识亟待提上教育议程。个体对于自身肉体的保护不仅是权利，更是社会义务。要教育学生保持对生命的尊重，不可轻易伤害自己或他人的生命。

（2）心灵层面

要教会学生探索并践行生命的意义。活着的意义不仅是肉体的生存、繁衍，更是个体品质、信念的找寻和付诸实现的过程。要教育学生在学习生活过程中探索生命存在的价值，如"一生最大的目标是什么""我取得的成就是什么""对家庭和社会的贡献是什么""我死后希望为这个世界留下什么"，并能够通过自律的品质和坚定的信念将意义现实化。

大学阶段是学生心理快速发展、自我意识不断成熟的时期。当前网络充斥的不良人生观和价值观给高职大学生带来影响，如果不对他们进行正确的引导，很容易出现各种心理偏差。高职大学生自我意识发展中常常涌现出自我意识的分化带来的各种各样的冲突和矛盾，这是高职大学生走向成熟的必然阶段。高职大学生自我意识矛盾冲突的消极方面是让其感到苦闷焦虑，积极方面则是给他们实现

"理想我"与"现实我"的统一提供契机，有利于他们化解矛盾。教学中必须加强对高职大学生自我意识的有效引导，帮助高职大学生更好的认识自我、完善自我，促进其健康成长。其一，帮助高职大学生在正确认识和客观评价自我的基础上建立自信心。高职大学生要全面了解自己的长处和不足，处理好个体与所在群体的关系，找准自己在社会生活中所处的位置，对自己作出恰如其分、实事求是的评价，学会自信。其二，帮助高职大学生学会悦纳不完美的自我，适当展示有缺陷的自我。勇于接纳自身的缺点或不足，不逃避不隐藏，愿意以某种程度向大家展现真我和本我，让别人有机会了解不完美的自己，建立和谐的人际关系。其三，帮助高职大学生客观塑造自我，积极超越自我。大学阶段是学习的黄金期，也是转折期。高职大学生要有意识地塑造自我，树立远大理想，确立明确学习目标，不断充实自己，为毕业后进入职业世界打下良好基础。

2. 抗挫教育

抗挫教育重在承受失败能力的培养和加强。挫折是具有两面性的：弊端会使人感到痛苦和疲惫，心灰意冷，不思进取；益处在于会强壮心志、激发斗志，让人汲取教训，从而用更强的姿态来面对接下来的困难。面对挫折，要对学生进行积极的引导。

（1）适度目标的确立

目标的确立不仅取决于个人的主观能力，还受制于现实的客观条件：过高的目标不能实现，会导致盲目否定自己，产生一定的挫折感；过低的目标会让人沉溺现状，止步不前。

（2）过程的积累

好的量变才会引起好的质变。在达成目标的过程中，要摒弃杂念，专心做好一件事情。

（3）情绪的调节

事物的发展具有曲折性。人生中必定会遇到各种各样的困难，要教育学生一旦遇到问题要保持理智和冷静，避免过激的情绪反应。要审时度势、审慎思考，进行适当的变通和调整。

3. 适应教育

适应教育重在适应能力的培养和加强。之所以要强调适应能力，是因为学生从中学到大学会面临一系列的适应性问题，包括社会角色的变化、人际关系的变化、社会期望的变化及环境的变化等。如果不能适应这些变化，则会导致自身心态的失衡，进而引发行为的错乱。因此，要加强对高职大学生适应能力的培养，使其即使面对复杂的环境也能够发挥主观能动性，积极地利用环境进行自我内心的调适，使自我意识与外界环境保持动态平衡。首先，要帮助大学生学会接受自我，认识到不完美才是人生的常态。其次，要帮助大学生掌握处理人际关系的原则，己所不欲，勿施于人。在人际交往中遵循真诚友善的原则，才能营造出一个和谐的人际关系环境。但是，是否能成为朋友，需要缘分、际遇、脾气秉性、成长环境等多种因素作用，因此不能用朋友多少来衡量人际关系的好坏。

4. 规划教育

高职大学生在其心理成长中，存在的根本性问题就是人生观问题。人为什么活着？人生的意义是什么？为什么读大学？大学毕业后干什么？如何规划未来？这些都是高职大学生无法回避的问题，也是必须去思考的问题。心理咨询实务中不难发现高职大学生显性的心理问题下存在着隐性的思想意识问题，这些隐性问题的核心实质是人生观问题。在心理治疗实践中，维克多·E. 弗兰克尔（Viktor E. Frankl）观察到心理咨询师常常从寻找当事人心理病源的角度来解决他们的问题，而治疗效果往往并不理想。其原因可能是咨询师没有意识到心理有问题的人经常会陷入人生意义的哲学思考而不能自拔。在弗兰克尔看来，咨询效果取决于咨询师是否将人生信念、意义与价值观引入心理治疗过程中。因此，弗兰克尔强调，心理咨询师要实事求是地面对来访者的人生价值问题，帮助他树立正确的人生理想。如此看来，高职院校心理健康教育课程的首要目标是帮助高职大学生解决人生观问题。教学中应从人生哲学与心理学结合的角度去阐释如何读大学、读大学的意义是什么、如何规划大学与未来及生活的意义是什么等问题。人生终极问题的解决就是从根源上铲除困扰人的心理问题。因此，心理健康与否反映的其实就是人的生活态度问题。

5. 爱情教育

爱情是高职大学生群体非常感兴趣和迫切想尝试的事情。遗憾的是，这件事是基础教育领域的禁忌话题，社会、学校及父母常常是"谈爱色变"，在这样的氛围下，谈不上对青春期孩子进行正确的爱情教育。即使在高等教育阶段，对待大学生恋爱的态度也是不提倡或不支持不反对。2005 年 3 月教育部公布了《普通高等学校学生管理规定》，该规定允许在校大学生结婚。尽管如此，大学生缺乏爱情教育仍然是一个不可否认的事实。2011 年 5 月教育部办公厅发布了《普通高等学校学生心理健康教育课程教学基本要求》，该要求明确提出要对大学生进行两性心理健康教育，至此，爱情教育总算顺理成章登上了大学讲台。爱情是人类社会永恒的主题，与人类社会的可持续发展密不可分。毫不例外，两性问题也是高职大学生最为关心和最为困惑的问题，对其学习、生活和心理健康乃至个性发展都具有重要影响。心理咨询实践中，恋爱和情感困惑是大学生群体的共性问题之一。大量的事例表明，很多大学生不知道如何谈恋爱，不懂得如何处理恋爱中的矛盾与冲突，不愿面对或无法承受情感挫折。表达爱、接受爱与发展爱是一种可迁移技能，高职大学生除专业能力和自我管理能力外，也需要培养爱的能力。恋爱心理教育就是要帮助高职大学生了解恋爱心理发展的规律和特点，培养他们寻觅爱、表达爱或拒绝爱、发展爱及承受失去爱的能力，以便他们有能力处理恋爱中出现的各种问题，树立正确的恋爱观和择偶观，为今后幸福婚姻和家庭生活打下坚实基础，有利于家庭和谐和社会安定。

6. 休闲娱乐观引导

相对于中学阶段来说，大学阶段有很多可以自主安排的休闲时间。高职大学生除吃饭、睡觉和学习等必要活动外，还可以自由选择符合个人兴趣、有益于身心愉悦和自我实现与发展的活动方式与内容。高职大学生对休闲的理解与休闲技能的差异造成休闲活动选择的不同。休闲活动的结果将直接影响高职大学生能否养成良好的个性和积极向上的情趣。一般来说，学生的休闲活动有正性和负性之分。在自由支配的时间里，消极休闲的学生容易迷恋网络游戏、看剧和睡懒觉等，这些活动很容易造成意志消沉、消极懈怠的心理，极易脱离正常的发展轨道。这可能是休闲教育缺位带来的不良后果。休闲教育专家曼蒂认为，休闲教育是提升个人生活质量的整体活动，传授休闲方式和休闲技能，旨在提高个体选择休闲行为和价值判断能力的教育。一个人如果没有能力过好自己的休闲生活，很难想象他能体味到生活的乐趣和生命的意义。高职大学生休闲活动安排是否合宜是其能力高低的反映，这种能力是可以提升的，可以采用适当的教育方式加以引导。首先，高职大学生要端正休闲动机，不能仅以消磨时间为目的，而应以提升生活质量为目标。积极休闲不能简单地理解为打发时间，而是工作和学习压力下释放出来的一种相对自由自在的放松状态。休闲不仅仅是消耗时间，更是对生活意义的追寻。其次，高职大学生可以培养和发展自己的业余爱好，多方面参与自我娱乐活动不仅可以排解孤独寂寞、烦闷枯燥的情绪，还能提升个人素养，增加人格魅力。最后，高职大学生休闲可以减压增效。高职大学生刻苦学习后的积极放松和调整让身心愉悦，也让后续学习更加高效。每个高职大学生都应该在大学期间培育和发展自己的兴趣爱好，这不仅可以愉悦身心，还可以使学习事半功倍，提高生活满意度和主观幸福感。

7. 情绪管理教育

在心理咨询日常接访中不难发现，情绪困扰是来访的高职大学生的主要咨询问题类型之一。从这些学生身上不难发现，他们受困的原因往往在于对情绪的产生和发展缺乏正确的认知，也不懂得如何合理调节情绪。高职大学生具有较强的认知能力，如果能从认知角度阐释情绪发生机制及调整方法，那么他们就可以自己管理情绪，保持良好的心理状态。美国心理学家艾利斯认为，引起人们情绪困扰的并不是外界发生的事件本身，而是事件背后不易发觉的对待事件的态度、看法与评价。这些看法往往是自动化的，存在于潜意识中。自动化思考可以让我们快速对外界事件做出反应，适应瞬息多变的环境。可是当外界环境发生改变时，自动化思考就显得有些刻板教条。因此，要调整消极情绪，着眼点应放在对事件的自动化思考上。每个人在长期与世界互动的过程中概括出了具有一定倾向的信念体系，这些信念体系可能存在不合理之处，但当事人很少或从未觉察到。例如非黑即白，看事情只有一个绝对的结果，不存在其他可能性；大难临头，把事情的严重程度扩大，推至"灾难性"地步。而合理的信念应该具有合乎现实、弹性、有助于目标的达成及自我接纳等特点。教学中可以教授学生找出事件背后隐藏的不合理观念及取代不合理信念的具体方法，从而保持良好的心境。当然，还可以给学生介绍一些其他调节情绪的方法，如疏导宣泄法、自主训练法等。

四、针对学生自身对心理健康认识不完整的解决途径

很多高职大学生认为心理疾病是一件难以启齿的事，这种情况下就需要心理教师对该学生进行心理疏导。不仅是有心理问题的高职大学生，心理健康的高职大学生也应当对心理问题有个正确的认识。心理教师在教学的过程当中，应当拓展新途径对高职大学生进行引导。比如利用微信等社交软件这种十分便捷的沟通方式对问题学生进行疏导，这种做法不仅可以保护问题学生的自尊心，而且可以对问题学生的心理起到一定的疏导效果。学校可以充分利用校园网不断提升高职大学生对心理健康相关知识的了解程度，还可以建设极具趣味性和创新性的心理健康校园网页，以达到对高职大学生普及心理健康教育知识的目的。并且在网页中可以设立客服页面，有心理问题的高职大学生可以通过此页面和心理教师进行沟通，及时了解高职大学生的心理动态。除此之外还可以在校园内或班级内开展心理健康教育漫画大赛，全体高职大学生都可以参加，漫画中涉及心理健康因素即可，设立一定的奖励力度，这样可以在激发高职大学生参加比赛的积极性的同

时，有利于大学生正确地认识心理健康教育问题。

五、针对学校对心理健康教育经费投入不够的解决途径

为了贯彻落实国家对高职大学生心理健康教育事业的重视程度，各大高职院校应当合理分配学校内的经费，除了高职大学生自身的专业课程以外，应当对心理教育进行适当投资，其中包括提升心理健康教师的专业水平、加大对心理健康教育课程的安排、建设心理健康辅导办公室等。完善校内心理健康设施是提升高职大学生心理健康程度的重要部分。

六、针对学校心理健康教育渠道单一的解决途径

（一）拓展社会实践

从深层次上看，高职大学生的心理危机很大程度上源于对现实状况的无力感，因此学校教育不仅要向学生传授文化知识，还需要为学生设置一种社会现实的模拟环境，让学生对社会有提前的感知、认知，做好心理和能力的双重准备，而这种模拟环境就是社会实践。通过开展社会实践活动，可以帮助高职大学生明确自身的社会角色，明晰社会期待，学习如何发现问题、解决问题。要想让社会实践发挥更充分的作用，就应该将过程管理的理念融入其中。

第一步，在社会实践的选题上，应该密切联系高职大学生的社会使命和社会期待，集中于自我、自我与社会、自我与国家乃至自我与世界的关系探究上；第二步，在社会实践基地的选择上，在保证安全的基础上应该尽可能真实，不加任何渲染；第三步，在社会实践的指导上，教师应该充分且恰当地引导，同时给予学生自主权，让学生有足够的空间进行思想碰撞和行为试错；第四步，在社会实践的结题上，应该不流于形式，认真研讨社会实践过程中存在的问题及解决路径，为社会实践命题提供有益思路。

（二）加强校园文化建设

如果说社会实践是向外探求，那么校园文化则是向内扎根。校园文化是学生成长发展的厚土，因此校园文化的优劣直接影响到学生的对外认知和心理状况。如果校园文化呈现出公平公正、健康向上的氛围，那么学生的内心和行为也会阳光和积极。

首先，学校的各项工作尤其是事关学生切身利益的工作应该做到令行禁止、

功过分明，应该做到事事有回应、管理有温度。

其次，校园文化应该主动挑起育人的责任，通过讲座、教学、海报、广播等多种形式，向学生传授正确的世界观、人生观和价值观，从而让学生能够正确地认识自我、评价自我，培养学生高尚的品德和健康的心理，学会自我调适情绪，增强社会适应能力。

最后，校园文化应该沉下去，主动公开地宣传心理健康知识，进行心理健康教育。可以采取学术讲座、团体咨询等方式教育引导学生，增强学生的耐挫能力和适应能力，提高学生的心理素质。

具体的措施如在高职院校中可以设置有关心理健康教育的报刊，在课间进行心理健康的广播或者播放几首欢快的歌曲等，使得整个校园都沉浸在积极向上的环境之中，营造优良的人文氛围。此外，也可以利用课余时间开办文艺活动、体育活动等，让学生积极参与其中，提高自身的综合素养。为了更好地促进学生之间的友谊和联系，应当多组织一些活动，让学生在活动当中共同协作，营造团结互助、有集体荣誉感的校园氛围。校园的心理健康文化建设，可以使学生心情愉悦，学习效率也会随之提高。

第四章　高职大学生心理健康教育体系

本章针对高职大学生心理健康教育体系展开论述，围绕四个方面进行阐释，依次为高职大学生心理健康教育必修课、高职大学生心理健康教育活动、高职大学生心理咨询的流程与内容及高职大学生心理疏导方式与途径。

第一节　高职大学生心理健康教育必修课

一、高职心理健康教育课程体系的构建

以大连职业技术学院为例，在心理健康教育课程改革过程中，大连职业技术学院不断适应高职教育人才培养规格的新内涵，基于人的心理过程要素，新厘定课程目标、新建构课程内容、新组织教学过程、新改良教学方法，发展学生自我和谐的心理机制和可持续发展的职业通用能力。具体通过4门课程的个别优化，实现心理健康教育课程体系的整体优化，构建了融"认知发展教育""情绪智力养成"和"行为训导"为一体（简称"知—情—行"）、基础性"育心"目标与渐进式"育人"目标相结合的高职特色"三融＋两育"心理健康教育课程体系。

如图4-1-1、图4-1-2所示，该课程体系涵盖4门课程，公共必修课和公共选修课各2门。通过心理健康教育一必修课解决学生认知发展的问题，晓之以理，使学生了解大学阶段人的心理发展特征及表现，掌握心理调适的基本知识；通过心理健康教育必修课解决学生行为训导的问题，导之以行，培养合作意识，掌握自我探索技能、情绪管理技能、人际沟通技能；通过情商管理选修课解决学生情绪智力养成的问题，动之以情，使学生掌握了解情绪、管理情绪、自我激励、了解他人情绪、维系良好人际关系的能力这五大能力，培育积极人格；通过职业核心能力选修课解决学生职业通用能力养成的问题，持之以恒，掌握团队合作、人际交流和解决问题三大通用核心能力，为未来步入职场奠定职业心理基础。通过

体现高职特色和服务学生成长的课程体系，融"知—情—行"为一体，实现学生心理健康发展的基础性"育心"目标，助力学生做健康成长的校园人，同时，兼顾渐进性"育人"需求，助力学生成长为全面发展的职业人。

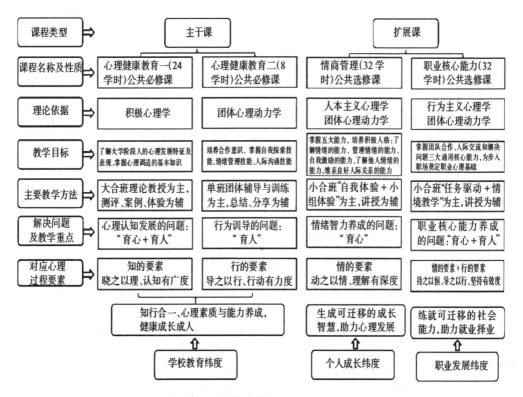

图 4-1　高职心理健康教育课程体系架构及内容

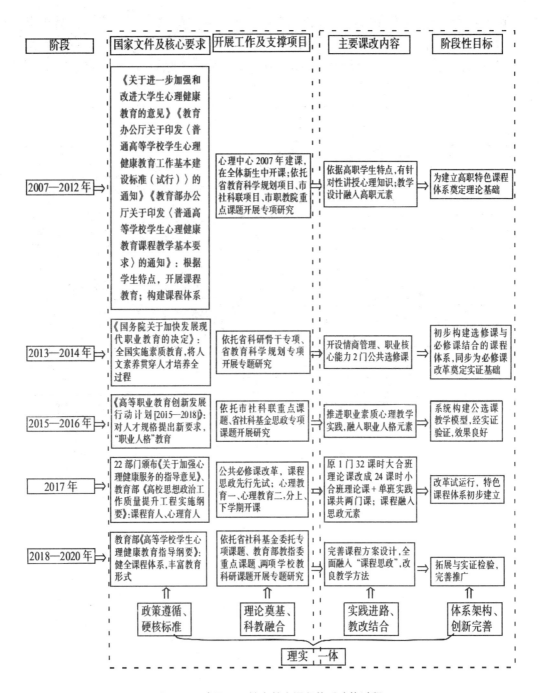

图 4-2 高职心理健康教育课程体系建构过程

二、高职心理健康教育必修课的教育教学

（一）心理健康教育必修课的教学目标

1. 知识目标

通过本课程的教学，使学生了解心理健康的有关理论和基本概念，明确心理健康的标准及意义，了解大学阶段人的心理发展特征及异常表现，掌握自我调适的基本知识。

2. 能力目标

通过本课程的教学，使学生掌握自我探索能力、心理调适技能及心理发展技能，如学习创新能力、环境适应能力、压力管理能力、沟通能力、自我管理能力、人际交往能力等。

3. 素质目标

通过本课程的教学，使学生了解自身的心理特点和性格特征，能够对自己的身体条件、心理状况、行为能力等进行客观评价，正确认识自己、接纳自己，在遇到心理问题时能够进行自我调适或寻求帮助，积极探索适合自己并适应社会的生活状态。

（二）心理健康必修课的教学内容

1. 主题一：认识自己，提升自我

根据爱利克·H. 埃里克森（Erik H. Erikson）的人生发展阶段理论，大学生正处于自我认同时期，对自己非常感兴趣，想了解自己是一个什么样的人，将来要做什么样的人，如果能够建立一个稳定的自我，对个体来说，就能度过同一性混乱的危机。因此，在心理健康课的第一节课，设计了以自我意识为主题的授课内容。首先，通过写出 20 个"我是谁"的小练习，引导高职大学生探索自我，思考自己是一个什么样的人，然后通过对 20 个我进行归类和概括，对自己形成一个初步的认识。通过对现实自我、理想自我、投射自我的介绍，帮助大学生从更多角度来认识自己，扩展自我认知的深度和广度。在此后介绍高职大学生常见的自我认知偏差，比如自卑、自负、过分追求完美等，帮助高职大学生觉察自己的自我偏差并学会调整认知和改变认知偏差的方法。最后，教会高职大学生提升自信、悦纳自我的技巧与方法。这样的设计从浅到深，从理论到问题，再到解决问题的办法，逐步引导高职大学生提升自我认识，悦纳自我，建立稳定的自我。

2. 主题二：沟通你我，和谐相处

首先，大学生的人际交往是非常重要的。有些高职大学生会认为即使不和人交往，仍然可以过得很好，但真实情况是，这些学生是在人际交往中受到创伤后，不敢再与人交往，并不是真的不需要与人交往。要让他们认识到人际交往的重要性，重新开始发展人际关系，与人沟通，而不是逃避人际交往。可以通过列举高职大学生人际交往中常见的问题，如睡眠时间不一致导致的冲突、卫生值日等平时生活中常遇到的问题，引发学生的讨论热情，并通过小组讨论的方式，寻找不同的解决办法。然后从心理学的角度分析各种人际交往模式，比如讨好型、支配型、依赖型等，帮助学生深入了解自己的人际交往模式，分析自己在日常生活中与人交往的特点，从而进一步改进自己的交往方式。最后，分享非暴力沟通的交往方式，让学生学会在遇到人际冲突时，采用非暴力沟通的方式增加沟通的有效性，避免人际矛盾，创建良好的人际关系。

3. 主题三：执手同心，爱情花开

首先，从大学生恋爱的需求出发引出主题，列举一些恋爱相关的案例，帮助高职大学生了解大学里的恋爱经常出现的问题。然后从依恋理论出发，帮助学生更深入地了解自己的依恋类型及不同依恋类型在恋爱中可能产生的影响。其次，对大学生常见的恋爱困扰进行分析，帮助高职大学生树立正确的恋爱观，让他们学会自爱，拒绝不合适的恋爱，呵护已有的恋爱关系，并勇敢承受失恋所带来的痛苦。最后，引导高职大学生正确看待性，注意自我保护。

4. 主题四：情绪与压力管理

课程先从基本的情绪出发，教会高职大学生对自己的情绪命名，然后从认知情绪疗法的 ABC 理论出发，帮助高职大学生意识到人的情绪不是由事件本身造成的，而是由人对事件的信念或者认知导致的。当产生情绪波动的时候，需要觉察自己的认知是否有偏差，如果有偏差，那就需要改变认知，重建对事件的认知与信念。教会学生不压抑、不逃避、不攻击别人、不委曲求全的情绪管理策略。最后对高职大学生常见的压力及压力管理办法进行详细描述，通过头脑风暴的方式，充分发挥学生的能力来扩展压力管理办法，缓解压力。

5. 主题五：心理疾病及其应对

近年来，大学生的心理疾病发病率逐渐增高。大学生虽然对心理疾病有所认识，但仍然存在不少误解。因此，需要向高职大学生介绍心理疾病的科学知识及应对办法。首先，通过案例帮助高职大学生认识正常心理与异常心理的区别，了解焦虑障碍、心境障碍、人格障碍、精神分裂的症状表现。其次，让他们知道心理疾病有因可循、有法可治，把相应的求助途径告知学生。最后，向高职大学生普及心理疾病的常识，介绍学校的心理咨询中心，使学生对心理疾病有科学的认识。

6.主题六：心理危机识别及生命教育

大学生心理危机事件频发，已经成为社会问题之一。心理危机事件的发生，往往是学生最先发现信号，因此，让高职大学生掌握心理危机的信号及干预办法，可以更快地启动心理危机干预程序，避免生命的逝去，维护校园的安全稳定。在课程中，帮助高职大学生了解心理危机的特点，心理危机的信号，使学生对处于心理危机中的人有更多的理解和共情。同时，要学会发现信号后的具体操作步骤及自我保护方法，让危机事件及时得到处置。最后，引导高职大学生珍爱生命、热爱生命、尊重生命，充分探讨生命的意义和活着的价值。

第二节　高职大学生心理健康教育活动

一、高职大学生心理健康教育活动的内容

心理健康教育活动是高职大学生心理健康教育模式的重要组成部分，各高职院校在3月、5月、10月等重要时间节点开展心理健康教育校园文化活动，以培养学生的心理健康素养为主线，围绕中心工作及和谐校园建设，通过专题讲座、团体辅导、情景体验等形式多样的系列活动，挖掘学生的心理潜能、提升学生的心理健康素质、维护学生的心理健康，进而帮助学生成长成才。

从活动时间来看，心理健康教育活动开展主要在3月、5月25日、新生入学教育时进行，时间从周变成月甚至更长；从活动内容来看，主要有竞赛类、素拓类、设计类、分享类、培训类，如心理健康知识竞赛、手工艺品创作大赛、主题徽标设计大赛、日常生活分享、心理健康讲座等多种活动内容；从活动地点来看，多为线上与线下相结合的方式；从活动覆盖面来看，有各学院单独组织的也有全校学生统一参加的活动。心理健康教育活动开展符合学生心理特点、集知识性与趣味性于一体，贴合学生工作实际，在引导学生走出寝室，拥抱健康，积极表达自己的感受，挖掘自身潜力，培养学生积极心理品质和预防心理危机事件发生等方面起到了正向的引导作用，基本能达到活动预期效果。

二、高职大学生心理健康教育活动模式的优化策略

（一）增强心理健康教育活动的统筹管理

心理健康教育活动时间点比较集中，学生活动安排比较集中，在短时间内，学生参加大量的活动，有点应接不暇，没有足够的时间学习和吸收，也容易与学习时间相冲突。另外，为便于活动的组织管理，活动的开放性不够，院级活动主要面向本院学生开展，校级活动有人数和时间上的限制，不能满足广大学生的需求。

（二）重视心理健康教育活动的过程管理

学校的心理健康教育活动既有学校层面的也有学院层面的，心理健康辅导员负责学院层面心理健康教育活动的组织，由学生干部来负责策划并实施。由于受活动经费、活动场地、所学专业及参加培训等方面条件的限制，活动的专业性、趣味性和创新性不足，学生在参与的过程中比较被动，难以保证活动的效果。

（三）实施心理健康教育活动的效果评价

从质变的角度看，对于心理健康教育活动，部分学生是被强制参加或者被动参加，活动结束后缺少对学生的调查了解，活动是流于形式还是对学生的健康成长有质的影响没有结论。从量化的角度来看，大多学校没有将教师对心理健康教育活动的指导纳入量化考核指标，也不计入课时工作量，这影响了教师的工作积极性，也不利于活动的有效开展。

第三节　高职大学生心理咨询的流程与内容

一、心理咨询概述

（一）心理咨询当下背景

1. 机遇

在互联网时代，新媒体平台的交流和互动方式契合当代大学生的心理需求和日常习惯，通过互联网平台，高职大学生拓宽了视野和思维能力，有了更多的接触世界的机会，提升了学习想象力和创造力，全面激发了学习动力。"互联网+"

时代也让学生更好地认识和了解了世界，通过多种信息来源全面提升高职大学生的文化内涵，客观上帮助学生形成对自身的思考意识和审视能力，实现自我的全面认知。由此，在高职院校心理健康教育中，学校可以结合新媒体平台，实现与学生之间的双向信息互动和交流。网络平台上自主与平等特性极大地提升了学生参与校园心理咨询的主体性，消弭了双方的不信任感，可以让学生和教师在网络平台中进行有效的互动和信息传达，从而全面强化高职院校心理健康教育水平，让学生了解更多与网络化有关的心理健康教育知识。另外，结合社交媒体平台，高职大学生可以不受情感、身份等方面的束缚，新媒体平台能够有效拓宽学生的学习渠道和社交范围，帮助学生和他人之间进行正向的心灵交流和沟通。

2. 挑战

互联网环境一方面给高职院校心理健康教育工作带来了机遇，使教师和学生能够通过新媒体平台进行沟通交流，极大地满足了学生的心理咨询需求，并且定期做好学生网络化思想和心理引导的工作。但是互联网平台也给学生的心理健康教育带来了很大挑战。总的来说，大部分学校并未将心理健康教育与网络平台紧密结合。

（1）传统模式的局限性

心理健康教育工作者未能及时更新自身的教学理念和知识库，学校仍然采用以教师为中心讲授式的心理健康教育模式，向学生传递知识，很难达到激发学生学习兴趣的作用。

（2）落后的教学观念

虽然部分学校在建设新媒体平台，但在为大学生心理健康教育提供新路径等方面存在现实困境，没有对新媒体平台育人功能进行有效挖掘。高职院校心理健康教育中对新媒体应用的认知仍然存在问题，依然沿用和固守相对落后的教学观念，不利于帮助学生快速了解信息知识，难以开阔学生学习的视野。

（3）网络化引导和教育的不足

在高职院校心理健康教育中，过于注重理论知识的灌输，在分析学生现实生活中遇到的各类心理问题并对这些问题进行网络化引导和教育等方面较为欠缺。这种方式容易使学生对相关学习内容产生消极情绪，不利于促进学生的全面发展。当前，大部分高等院校开始重视学生心理健康教育，针对心理健康教育开设了专门的心理咨询中心或开设心理健康课程。但是从事实上看，心理健康教育收效甚微。心理健康教育作为思想政治教育的重要组成部分，不仅要求学校、教师在课程教学中有的放矢，高效完成任务，还要有多途径共同参与，多主体共同教育，这样才能不断提高心理健康教育的实效性。所以，"互联网＋心理咨询"的模式可谓大势所趋。在此领域，更该积极发现问题并加以完善。

（二）心理咨询的基本理论

在心理咨询理论自身的发展过程中，形成了有代表性的四大经典理论：精神分析咨询理论、行为主义咨询理论、人本主义咨询理论和认知咨询理论。每一种理论都有其对心理症结的不同理解，都有其对心理疏导作用方式的不同思考，展现出了对心理疏导认识的多样性和复杂性。

1. 精神分析咨询理论

精神分析咨询理论认为，人是被无意识决定的，人的本能冲动及欲望是心理的主要驱动力。而心理症结则是未被解决并被压抑到无意识中的欲望，它不是由大脑生理和解剖结构受到损害造成的，一个人早年形成的内在心理矛盾冲突是产生心理症结的主要原因。如何对心理症结进行疏导呢？精神分析咨询理论强调，通过挖掘个体无意识中的心理症结，并把它们带到意识的层面上来，帮助个体领悟心理症结与心理症状的关系，并且在现实原则的指导下加以纠正和消除，就能够解决由心理症结带来的心理阻滞。就心理疏导的作用方式而言，就是以移情为手段，通过领悟帮助个体洞察到以前自己意识不到的心理症结，当有领悟产生之后，个体的行为就能够逐渐趋于正常。其中，领悟是认知的变化，移情是情绪的改变，结果是行为的正常。

2. 行为主义咨询理论

行为主义咨询理论认为，人是被外在环境决定的，人的心理同样是环境塑造的产物。而心理症结则是不适当的条件反射所形成的不良行为习惯，一个人的不良行为习惯同其正常行为一样，都是学习的结果。既然行为习惯可以通过学习获得，同样也可以通过学习改变。就心理疏导的作用方式而言，既然个体的心理症结是表现出来的不良行为，因此不用分析这些行为背后的内在动机。心理疏导的着重点就是直接矫正个体的不良行为；心理疏导的目标就是用良好的行为代替不良行为，进而消除人的不良行为习惯。

3. 人本主义咨询理论

人本主义咨询理论认为，人是被天生具有的积极向上的内在潜能决定的，人的本性是好的，应当对人性采取积极乐观的态度。人是有理性的生命体，只要提供适合的外在环境，人就会努力朝向潜能充分发展的方向前进。因此，人可以独立自主、自我引导，不断走向自我实现的境界。而人的心理症结就是自我发展、自我完善的本性被阻碍、压抑的结果。就心理疏导的作用方式而言，其核心在于帮助一个人认识到自身的价值，发现真正的自我，并且能够对自己的成长负责，这样他们才能朝着自我实现的目标迈进。只有帮助个体对自我重新认识和领悟，才能导致某种积极的、尝试性的行动，由此达到心理疏导的效果，即在情感变化的基础上，形成认知的变化，而认知的变化又将导致行为的改变。

4. 认知咨询理论

认知咨询理论认为，人是被理性决定的，人的行为是认知作用的结果。人的认知过程会影响其情绪和行为。每个人都会因对自己、他人、事物的不同认识，产生不同的心理变化，而人的心理症结就是由其不合理的认知造成的。就心理疏导的作用方式而言，重点就是帮助个体用合理认知代替不合理认知，或者以合理的思维方式代替其不合理的思维方式，从而最大限度地减少不合理认知给心理带来的不良影响，减少产生不良情绪及行为问题的倾向性。

二、心理咨询的一般流程

（一）求助者咨询前需做好的准备

为了保证心理咨询的有效性，求助者在进行心理咨询之前应该做好必要的准备，主要包括以下几个方面。

1. 具备主动咨询的意愿

心理咨询活动主要以语言沟通为基础，要实现双方的良好沟通，必须确保求助者存在进行心理咨询的意愿。求助者在进行心理咨询之前，应该有主动咨询的愿望，要有自愿沟通的态度。一般来说，求助者的求助动机越强，其受到的咨询效果也就越明显。

2. 具有自助意识

咨询关系一旦建立，求助者要形成一种自助意识，不要一味地等待心理咨询师提示自己该做什么或不该做什么，也不要期望咨询师为自己作出决策。通过心理咨询，咨询师可以帮助求助者澄清事实、分析利弊、开阔和转变思路、疏导不良情绪、挖掘求助者的优势和潜能。但是，心理咨询师不能也不应该替求助者作出决定，最终的决策权应该掌握在求助者自己的手中。

3. 明确所需解决的问题

求助者在进行心理咨询前，需要对自己接受心理咨询的目的，要解决什么问题，如何阐述自己存在的问题等进行较为系统的整理，从而使自己和咨询师双方都能够明确咨询的目的。

4. 了解和遵守咨询时间限定

为了保证咨询的效果，可以像体育比赛一样对心理咨询进行时间限制。通常情况下，简短的会谈和必要的信息量有助于求助者学习与接受，心理咨询的时间一般应该以一次50分钟左右为宜。要不然，时间过长、内容过多，反而会使求助者陷入混乱，而不能对咨询的核心内容有一个清晰的认识。如果没有特殊情况，求助者进行心理咨询之前，一般要与心理咨询师提前预约，求助者应该按照约定时间准时去咨询。

5. 选择心理咨询师

在进行心理咨询前，求助者可以通过专业机构对心理咨询师的介绍，详细了解各咨询师的职业背景、执业资格、咨询经历等，不要找那些没受过专业培训、不具备专业资格的人员，以减少咨询的盲目性。好的心理咨询师总是努力去理解求助者而不是对求助者进行控制，会使求助者感觉到安全、舒适、被尊重、被接纳，能够让求助者产生新的认识而不是用其观点来对求助者进行灌输。有时候为了方便咨询，还可以找同性别的咨询师。

6. 具有充分的信心与耐心

心理咨询是一个循序渐进的过程，要严格按照一定的流程和步骤来进行。具体来说，心理咨询过程中遇到的问题需要渐进解决，设立的目标需要逐步实现。有时求助者的心理问题会出现反复，这就要求求助者具备咨询的信心和耐心，避免出现厌烦心理。

（二）咨询师实施心理咨询的各个阶段

1. 初步探索阶段

（1）建立良好的咨询关系

心理咨询的第一步是建立求助者与咨询者之间良好的心理咨询关系，这是咨询成功极为重要的一步。良好的咨询关系可以帮助求助者对咨询者建立足够的信任，打消求助者的疑虑和不安，使其能够展示自己的内心世界，方便其向咨询师倾诉自己的内心感受。

（2）收集相关的材料

在收集相关资料的工作中，心理咨询师主要通过观察、访谈、心理测试、问卷调查等手段收集资料，对求助者各方面的信息进行了解。

2. 分析与评估阶段

通过初步探索阶段的一系列准备工作，心理咨询师对求助者的身心健康状况进行归纳总结，形成初步的印象，并确定本次心理咨询工作的目标。在此基础上，对所收集到的有关求助者的材料进行全面且系统的分析，找出问题的关键所在。合理的资料分析步骤如下所述。

第一，按时间顺序对收集到的所有资料进行排序。

第二，按可能的因果关系剔除那些与症状无关的资料（在此过程中不可犯以前后为因果的错误）。

第三，将所有症状按时间排序，再按因果关系确定主症状和派生症状。

第四，分析比较所获资料，解释相关的主因、诱因与临床症状的因果关系。

第五，确定心理问题的性质、产生的原因及严重程度。

3. 制定并实施咨询方案阶段

心理咨询师以分析评估的结果为依据制定并实施咨询方案。在这一阶段，咨询师主要根据自身的咨询经验，选取合适的咨询或治疗的理论和技术，分析、解释、指导、训练、矫正求助者存在的心理问题，从而影响或改变求助者。

4. 评估咨询效果与终止咨询阶段

每次心理咨询谈话结束之后，咨询者应进行概要的总结，评估求助者的变化和干预措施的效果，肯定其所取得的成绩，并对下一次的心理咨询谈话提出要求。与此同时，咨询师还应该根据咨询效果和求助者的发展要求，调整、修改咨询方案，确定终止咨询的时间。

5. 巩固与追踪阶段

人们具体心理问题的改善通常需要一个过程，有时候甚至需要几十次的心理咨询才能巩固疗效。一般来说，心理咨询有了一定的效果之后，可以暂时中止定期咨询，通过检验了解求助者是否具有独立处理问题和适应社会的能力；也可以建立长期的随访联系，方便解决求助者的一些突发事件或问题。

从整体上来看，心理咨询是一个完整的过程，本书主要为了方便讲解才进行阶段划分。在实际操作中，经常会出现上述几个阶段相互重叠交叉的情况。因此，心理咨询师可以根据实际情况灵活应用，不要将心理咨询流于形式或程序化。

三、焦点解决短期心理咨询的流程

（一）目标建构与解决阶段

1. 描述问题

咨询师可以让来访者详细描述他们的问题，尽可能多地了解细节。咨询师要认真倾听来访者讲述的问题情境并思考，使对话方向转向解决问题式的谈话。

2. 确立良好的咨询目标

焦点解决短期心理咨询是以来访者为中心的疗法。咨询师要通过与来访者的会谈，厘清来访者的治疗目标，这是焦点解决治疗中的关键一步。比如可以通过询问"你希望通过心理咨询达到什么样的状态"，让来访者描述他们的理想状态。

3. 假设解决

咨询师可以在开展心理咨询的过程中让来访者想象压力有所缓解，期待达成的目标已经实现，继而引导来访者讲述当问题得以解决，自己的生活和现在会有什么不同，让来访者将关注焦点从现在或以前的困扰转向将来美好的可能性上。

（二）休息阶段

在休息阶段，咨询师可以有十分钟左右短暂离开的时间。在此期间咨询师可以对第一阶段收集到的来访者信息进行整理与回顾，尝试找出有效解决来访者问题的方法，从而给出恰当的回馈，同时也为来访者提供一定的思考空间。

（三）正向回馈阶段

在正向回馈阶段，咨询师需要给予来访者一些鼓励和赞美，认可他们部分的行为尝试，借助正向力量开启反馈，这种方式既能为来访者提供希望，同时也可以启发来访者。问题的解决，主要是建构在来访者自身所描绘的理想图景之上的。同时咨询师也可结合来访者的实际情况布置家庭作业，为其后续的行为改变提供参考和督促，进一步巩固咨询效果。第一次的咨询按以上三个阶段结束后，下一次咨询时咨询师可从问题的例外情况展开会谈。如通过询问"上次咨询结束后，到现在有哪些好转？"以此评估来访者的进展。同时咨询师可以使用评量问句评估来访者已经发生的变化，如果取得进步，要寻找巩固进步的方法。

四、高职大学生心理咨询的主要内容

（一）学习

1. 对缺乏学习动机的心理咨询

（1）使求助者明确学习意义

在高职院校中，心理辅导教师可以采取生动的、适合学生心理发展水平的教育方式，将学习与现实社会生活、个体的健康全面发展联系起来，使学生充分认识到学习的社会价值与个体发展价值，并产生强烈的学习需求和学习成就动机，提升其抱负水平。

（2）帮助求助者习得一定的学习技能

对学生每一门课、每一节课学习的质与量、重难点等都要作出科学合理的预期和规划，从而使学生明确学习目标，并以此引导和激励学生努力学习。

（3）及时评价、反馈学习表现与结果

科学评价并及时反馈学生在各学习环节中的表现与学习成绩，有利于形成、强化与调节学生的学习动机，使学生产生学习兴趣。

（4）引导求助者对学习问题进行归因

在大学里，心理辅导教师要结合具体的学习任务与学习情境，合理利用考试、竞赛、作业等手段，引导学生从努力程度、学习方法、记忆技巧等个人内部因素对学业成败进行正确合理的归因。

2. 对考试焦虑的心理咨询

（1）进行放松训练

所谓放松训练，就是指通过呼吸法、暗示法、表象法和音乐法等一步步放松人体的肌肉，使大脑逐渐入静，从而调节中枢神经系统的兴奋水平，缓解使人紧张的焦虑情绪，从而增强大脑对全身的控制支配能力。

（2）进行系统脱敏

这里所说的系统脱敏，主要是对交互抑制原理的利用。根据交互抑制原理，在放松状态下，人的情绪与焦虑是相互抵抗的。这也就是说，当人处于放松状态时必然会抑制焦虑和紧张状态。

（二）环境适应不良

环境适应不良是指因生活、学习和工作环境发生了重大改变，而造成自身思想、情感和行为偏离社会生活规范轨道的现象。对于存在环境适应不良情况的大学生心理咨询，应当重视以下几个方面的工作。

1. 获取社会技能与知识

从本质上来说，社会适应不良是由于某种社会适应知识或技能的缺失所造成的。因此，我们应该重点关注适应社会的知识和技能的教育，将其引入学校及家庭的教育当中，以促进高职大学生更好地适应家庭、学校或社会生活。

2. 人际关系网络建设

人类社会适应最主要的就是对于人际关系的适应。良好的人际关系能够使人们心情愉快，并能在交往过程中建立自信，形成良好的性格和个性品质。如果人际关系不佳，就容易使人感到孤独寂寞，并产生各种烦恼。

3. 挫折教育

只有经历了各种不同的困苦与挫折或与困难做斗争，才能够逐步提高自己克服困难、走出困境的勇气与能力，并做好迎接下一次挫折与困难的心理准备。

（三）人际交往

1. 帮助高职大学生学习幻想害怕技术

幻想害怕技术的主要任务是进行角色扮演，请一个朋友来扮演自己，而自己扮演嘲笑别人的人，并请扮演自己的朋友自由作答，在这一过程中，往往可以发现并没有什么值得被他人嘲笑的地方，而嘲笑者则显得很是无聊。由此可见，这种幻想害怕技术可以有效地帮助学生客观的看待自己。

2. 帮助高职大学生学习自我暴露技术

合理运用自我暴露技术，可以有足够的勇气将自己的不安、焦虑及在人际交往中的不如意向别人和盘托出，坦然承认或公开表达出自己的不足，以此得到别人的宽容或理解等，从而建立良好的人际关系。这种技术是克服人际关系不良的有力解毒剂。

目前，不少高职大学生对自我暴露技术产生疑虑，认为这一方法会损害自己的名誉，或被人嘲笑，以致不能取得理想的效果。虽然这种看法毫无道理，但想要在短时间内改变他们的这一看法又存在着较大的难度。

（四）恋爱

高职大学生在恋爱的过程中，其思想、心理和行为往往会得到很大程度的改变。由于高职大学生人生阅历不足，缺乏经营爱情的经验，因而经常会出现一些恋爱问题。在恋爱心理咨询中，咨询师要注重以下两点。

1. 培养爱的能力

第一，培养给予爱的能力和接受爱的能力。高职大学生要能理智分析自己的情感，敢于表达、善于表达；要具有迎接爱的能力，懂得爱是什么，知道自己喜欢什么，适合什么；对自己、对他人、对万事保持敏感和热情；主动关心他人；面对别人的施爱，能及时准确地作出判断，并作出接受、谢绝或再观察的选择；对于求爱被拒绝或拒绝求爱所引起的心理紊乱能够进行较好的调节。

第二，提高恋爱挫折承受能力。恋爱是人生中一段重要的历程，通过适当的情绪调节、宣泄和转移，来减轻痛苦，往往会使自己更加成熟。

第三，培养拒绝爱的能力，学会拒绝自己不愿接受的爱。在面对并不希望得到的爱情时，要勇敢果断地说"不"。另外，也要掌握恰当的拒绝方式，因为珍重每一份真挚的感情是对他人的尊重，也是对一个人道德情操的检验。

2. 帮助高职大学生培养健康的恋爱行为

高职大学生在谈恋爱时应该培养自身健康的恋爱行为。例如为人要大方，要注意行为举止的检点，不要过早地做出亲昵动作以使对方反感；相互了解，不要无休止地盘问对方，不要任意伤害对方的自尊心；恋爱言谈要文雅，交谈要自然、坦率诚恳，不要矫揉造作，出言不逊或举止粗鲁；善于控制感情，克制或者调节内心的冲动，注意情感的转移和升华，与恋人多谈谈学习和工作，把恋爱行为限制在社会规范内等。

第四节　高职大学生心理疏导方式与途径

在社会主义建设事业中，大学生是社会和谐发展的排头兵，能够使我国在未来有更好的发展，他们肩负着建设祖国的重任。因此，大学生具有良好的思想素质至关重要，而思想政治教育是提高学生思想素质的重要途径。从高职大学生现状来看，因精神疾病而出现退学、休学的人占比较高，分别达到因病退学人数的 64.4% 与因病休学人数的 37.9%，而这些疾病都是心理问题所致。如何对学生心理问题进行疏导，已经成为高职院校教师面临的重要课题，更是开展思想政治教育的基本任务。在这种背景下，探讨心理疏导的运用具有实用价值。

一、心理疏导的内涵

（一）心理疏导的简介

心理疏导是一个专业术语和一项岗位技能，在医学、心理学等领域被广泛使用。但是，这并不意味着心理疏导与思想政治工作没有逻辑联系。事实上，心理疏导在思想政治教育中的运用有较长的历史，只是当时尚未明确提出这一专业概念。比如在实际工作中，人们向组织汇报思想动态、与朋友进行谈心谈话等，就是运用心理疏导进行思想政治教育，客观上发挥了心理疏导缓解和消除思想困惑、情感障碍甚至心理疾病的功能。"加强和改进思想政治工作，注重人文关怀和心理疏导"这一命题的提出，源于党的十七大报告，随后再次被明确写入党的十八大报告，充分表明了党对高校思想政治工作的高度重视和关注，"心理疏导"一词由此逐步进入人们视野之中，学界有关心理疏导研究的论文与专著也不断涌现。习近平总书记 2016 年在全国高校思想政治工作会议上提出要"加强人文关怀和心理疏导"后，"心理疏导"一时成为学界的高频词，"新时代思想政治工作要注重心理疏导"更成为社会共识。

什么是心理疏导？思想政治教育领域的心理疏导又有着何种意蕴？学界对此展开了广泛讨论。从目前关于心理疏导的研究成果来看，学界对何为心理疏导、思想政治教育为何要注重心理疏导、如何进行心理疏导的研究较多，但专门研究、系统梳理心理疏导内涵意蕴的学术成果整体偏少，且现有的学术成果对心理疏导的概念界定、内涵挖掘不够深入、不成规模，多是在研究心理疏导相关问题时进行连带性论述。综合现有研究成果看来，心理疏导一般是指以人本主义心理学和认知心理学为基础理论，用言语的沟通技巧进行梳理、泄压、引导，从而改变个体的自我认知、治疗其心理疾病与精神障碍、促进身心健康发展的过程。高职大学生思想政治工作中的心理疏导可借此定义为，利用教育学或心理学等相关专业学科的基本知识和方法，通过语音、文字等沟通工具，有目的、有意识地给予教育对象心理上的共情、理解和引导，进而在预防、降低和消除高职大学生因遭遇矛盾和困难而产生的各类心理问题的同时，缓解、消解高职大学生在思想观念、政治观点、道德规范等方面的消极情绪，引导、引领大学生在政治觉悟、思想观念、道德素养、理想信念等方面的升华与蜕变。

（二）心理疏导的重要性

1. 高职院校思想政治教育的必然选择

教育部《高等学校学生心理健康教育指导纲要》（教党〔2018〕41号）明确提出：心理健康教育属于高校思想政治教育的重要组成部分。大学阶段正是学生形成健康人生观的重要时期，必须要加强思想政治教育，这对学生成长具有重要意义。对学生开展思想政治教育时，不仅要讲道理，还应该对学生内心进行疏导。随着经济建设的快速发展，许多学生的思想意识受到一定的影响，为思想政治教育带来巨大挑战。在进行思想政治教育时，应该从心理上解答学生的疑惑，从情感上感化学生，提高思想政治教育实效性，真正实现思想政治教育的目标，提高学生的思想素质。

2. 体现"以人为本"的教育理念

在高职院校思想政治教育中，心理疏导要考虑每个学生的心理诉求，要考虑学生的个性特征。通过心理疏导去鼓舞及引导学生，能够体现出教师的关心和理解，这是"育心""育人"及"育德"的综合性教育，是人与人之间的精神契合与心灵沟通，能有效疏导学生的心理，构建和谐融洽的人际关系。由此可见，合理开展心理疏导，能够体现"以人为本"的教育理念。

3. 建立和谐校园所需

教育部《中央文明办关于深入开展文明校园创建活动的实施意见》（教基一〔2015〕7号）提出：通过文明校园创建活动，加强师生的职业道德、民主法治及文明修养等各种观念建设。在环境变化的过程中，学生的精神、心灵受到强烈的冲击，患有精神疾病及有心理障碍的学生人数逐渐增多。从近期的校园事件来看，校园中因为心理因素诱发的问题持续增多，自杀凶杀、聚众斗殴等各种恶性事件持续增多，对和谐校园建设造成了巨大影响。而心理疏导，能够让师生具有健康、良好的心理状态，大家生活在其乐融融的环境中，自然心情舒畅。由此可见，加强心理疏导，不断改善学生的心理状况，能有效构建和谐校园。

二、高职大学生心理疏导方式

（一）音乐心理疏导方法探究

基于当前高职大学生存在的各种心理问题，采用恰当的疏导方法，加以正确的引导是高职院校心理健康教育的工作重点。因而，应结合高职院校的教学资源，发挥音乐教育的功能，对学生存在的心理问题进行引导和调节，促使学生在愉悦的心境中学习和成长，在丰富多样的音乐活动中，强化音乐心理疏导的作用和价值。

1. 运用多样化的音乐活动舒缓情绪

音乐蕴含了丰富的情感力量，对学生的不良情绪有很强的感染性。尤其是在疫情防控常态化背景下，音乐活动中的心理疏导作用更加突出，其以多样化的音乐活动方式来舒缓学生的情绪，给予高职大学生积极的心理引导。在音乐活动的组织和实施过程中，教师要通过多元化的音乐内容、多样性的教学手段，创设舒适的音乐情境，引导学生置身于生动的音乐氛围之中，体会音乐艺术带来的身心愉悦，使内心不良的情绪得到舒缓和释放。疫情防控背景下，高职大学生熟悉的学习和生活状态发生了转变，音乐活动的组织与开展，可以让高职大学生在聆听、品鉴、表演中感受音乐的美、欣赏音乐的美，同时慢慢引导学生进行音乐艺术实践，从而表现音乐的美，在潜移默化、循序渐进中使内心得到满足。比如通过学校组织的歌唱大赛来调动学生的参与积极性，学生在踊跃参与中，进行自身才艺的展现，不仅可以在集体性的音乐活动中加强与音乐活动参与者的交流和互动，而且在才艺表演中能够展现自身的价值，起到释放不良情绪、发泄心中忧郁等积极的心理调适作用。高职大学生在多样化的音乐活动中，可以深切体会歌曲演唱中的意境和情趣，享受音乐美的熏陶的同时，还能凸显出学生自身的特长和优势，因势利导地展开丰富的音乐实践，增加高职大学生的自信心，丰富他们的业余生活，展现当代大学生卓越的艺术风采。

2. 拓展音乐功能，组织心理疏导小组

高职院校心理健康教育的内容和方式多种多样，可以借助丰富的音乐形式来增强高职大学生心理疏导的效果。高职院校在当下疫情防控期间的学生心理建设工作重点要突出、方式要得当、手段要多样，拓展音乐功能，组织心理疏导小组展开全面的心理健康教育非常的关键。例如高职院校教师可以对学生进行全面的心理状况调研，根据不同心理状况的学生群体，结合学生的个性和喜好进行不同小组的分类，将心理问题类似的学生放在一个小组内，展开分层、分阶段的心理疏导工作。这样做的优势在于，可以避免音乐心理教育工作"一刀切"，避免缺乏针对性，更好地呈现音乐心理辅导在不同小组里的作用。例如在日常的学习和生活中，教师通过网络平台对小组成员定时、定向地分享一些蕴含正能量和思想价值的音乐作品，引导学生进行传播和观看。随后，组织不同小组的学生对音乐内容进行品鉴、讨论，反馈自己对音乐作品的感受和体验。这样不仅可以帮助教师了解每位学生的心理状况和学习需求，还能根据具体的心理教育开展情况，为不同心理状况的学生提供有效的疏导空间。在该空间内，不同小组的学生可以向教师倾诉心声，教师对学生进行语言安慰，同时引入适当的音乐内容，通过播放、联想、讨论的方式对学生的心理进行疏导，并将具体内容分享给小组成员，对其他心理疏导小组成员产生启示和影响。

3. 开展音乐讲座，创设健康心理环境

讲座具有开放性和兼容性，能够面向高职院校所有学生开展，少了一定的局限性。因而，以音乐讲座的方式来吸引高职大学生的积极参与，为学生创设健康的心理环境，也是当前高职大学生心理健康教育的主要方式之一。笔者在调查中发现，很多高职大学生在面临巨大心理压力时，不愿意单独向教师寻求帮助，将自己封闭在一个狭小的空间之内。为了减少学生的心理困惑，保护他们敏感的自尊心，音乐讲座能够兼顾到各种心理层次学生的真实需求。基于疫情防控常态化背景下高职大学生综合性的心理状况，学校可以积极号召广大具备心理教育资格和音乐教学经验的专家团队，持续举办大型的音乐心理疏导讲座，对高职大学生进行全面的音乐心理疏导工作，鼓励学生在遇到心理问题时，积极向教师寻求帮助。例如音乐讲座可以介绍音乐艺术疗愈的原理和功能，可以推荐具有心理治疗作用的作品，分享成功的音乐心理治疗案例。通过通俗易懂、感染力丰富的讲座形式，将音乐心理治疗的思想和价值渗透于学生的意识之中，逐渐引导学生能够通过自主探究的方式发掘音乐的奥妙，检索自己喜欢的音乐类型，从美妙的音乐艺术中感受到平静、喜悦、豁达与美好。显然，面向高职大学生组织的音乐心理讲座，能够为学生创设健康的心理环境，提升了学校音乐心理健康教育的开展效果。

4. 依托互联网平台丰富音乐实践

疫情防控常态化背景下，学生在校的时间很短，学生返家分散在各地，高职院校对于学生的管理工作更加困难。学生的思想和心理状况一直是高职院校非常重视的，尤其是关注学生一点一滴的思想活动和行为变化。为了打破距离和空间上的隔阂，互联网成为师生之间主要的沟通和交流方式。所以，为了延续音乐心理疏导工作，一定要合理利用好互联网平台。高职大学生群体对网络的依赖性很强，愿意花大量的时间在网络上，他们对自身感兴趣的话题和内容大多是通过网络来获取的。结合这一特征，可以举办丰富的线上音乐活动，使学生以新颖的方式获得心理疏导。例如举办网络音乐大赛，鼓励学生积极参与，按照比赛要求和规则提交音乐作品，进行网络上的投票和比拼，最终选出优胜者，颁发相应的奖状和奖励。学生的参与兴趣被激发出来，进行优秀音乐作品的学习和表演，并将音乐表演录制成视频，上传分享，在此过程中内心会得到丰富的体验。尤其是学生将自己的音乐作品公开，得到广大师生的点赞和评价，内心的成就感会逐步提升，在丰富的网络音乐活动中情感得到释放，自身的价值被肯定，为单一的居家生活带来了很多乐趣，也减少了对网络游戏和网络聊天的沉迷，做一些更有意义和价值的事情。

（二）阅读心理疏导疗法探究

1. 阅读疗法的内涵和起源

"阅读疗法"一词源于希腊语的"图书＋治疗"，也称为图书疗法、读书疗法、文献治疗、信息疗法。在西方，阅读治疗的实践研究已有 100 多年的历史，1961年美国首先提出了"阅读疗法"一词，释义为：指导患者阅读精选的文献资料，作为内科学与精神病学上的一种辅助疗法，亦指有目的地指导阅读以帮助解决个人问题。实际上，阅读疗法就是有针对性地选择文献资源，在专业人员的指导下进行阅读交流，达到调整心态、纠正意识、改善情绪、完善人格的一种方法。车尔尼雪夫斯基认为，凡是好书，必定会在读者心中唤起对真、善、美的向往。阅读疗法并不直接解决心理问题，而是在阅读文献资料时，改进自我特征和自我意识，对阅读内容产生认同、净化、领悟，对困难和挫折有新的体会和认识，从而尝试解决自身存在的心理问题，而共鸣、平衡、暗示、领悟等所起的作用，决定了阅读疗法的功能。

2. 阅读疗法在高职大学生心理疏导中的作用

（1）调适心情，缓解压力

高职大学生在成长过程中，由于阅历不够、经验不足、抗挫折能力差，容易产生抑郁、自卑等不良情绪，这些心理困惑如果得不到宣泄和疏导，产生的负面情绪将极大地伤害大学生的身心。通过阅读治疗，大学生可以与作品产生共鸣，激发崇高理想、改变处世态度、疏导心理困惑，由此平和心态、松弛情绪、纾解压力、排除烦恼、振作精神，这就是书籍的魔力和魅力。

（2）健康人格，陶冶情操

一些新生刚从紧张的高考中解脱出来，由于一直在父母的庇护下成长，生活自理能力较差，初离家长后容易产生恐惧、紧张、焦虑、孤独等情绪，有些心理困扰难以启齿，阅读便成了答疑解惑的主要渠道。饱读诗书不仅获取知识、陶冶情操、丰富精神、升华情感，还可以使大学生平复内心的纠结，培养健康的人格、坚强的意志、谦和的品质，学会协调人际关系，增强承受能力、抵御心理疾病，使能力、兴趣、爱好得到全面提升。

（3）提高素养，拓宽视野

有的高职大学生心胸狭窄、目光短浅、争强好胜，容易发生暗恋、单相思、钻牛角尖等心理问题。学生通过阅读可以开阔视野，培养广泛的兴趣爱好，丰富、充实大学生活。书籍是人类智慧的结晶，是高职大学生了解社会、品味人生的好教材。一本好书就是一个好教师，具有极大的穿透力和感召力，阅读好书可以懂得为人处世的道理，产生乐观向上、热爱生活的美好情感，树立正确的人生观和价值观，培养高尚的人格修养和道德情操。

（4）激励上进，升华境界

高职大学生的心理障碍是随个体成长出现的普遍问题，是在自我评价的辩证统一中引发的矛盾，导致了理想与现实之间的冲突。阅读疗法正是解决这种矛盾冲突的最好方式，有效的阅读可以满足高职大学生心理健康教育的需求，通过自我探索、自我接纳、自我调节，释放不良情绪、缓解心理压力、走出情绪低谷、摆脱心理困境，提高认识水平、树立理想目标，达到自我教育的目的。

3. 阅读疗法对高职大学生心理疏导的实施策略

（1）成立阅读疗法协会

高职院校图书馆可以联合学校德育教育、心理咨询中心，成立高职大学生阅读疗法协会，在阅读疗法馆员、德育教师、心理咨询师的指导下，有组织、有计划地开展心理咨询、书目推荐、读书交流、知识讲座、电影赏析等阅读疗法活动。心理咨询师定期对馆员、高职大学生进行心理健康培训；阅读疗法馆员有针对性地选择书籍、推荐书目；通过各种活动吸纳高职大学生参与，宣传和渗透阅读疗法理念，通过心理调查，跟踪阅读疗法对高职大学生的心理疏导效果。

（2）开展阅读疗法研究

阅读疗法涉及心理学、教育学、医学、图书馆学等多个领域，研究人员可以利用高职院校图书馆丰富的馆藏文献，吸取西方国家阅读疗法的先进经验，结合我国图书馆的实际情况，摸索一套行之有效的办法。可以围绕阅读疗法的具体实践开展理论研究，申报阅读疗法的研究项目和基金课题，在阅读疗法实践中要做到理论联系实际，将阅读疗法的学术探讨和实践检验结合起来，推动阅读疗法的研究与实践，提高阅读疗法的研究水平。

（3）开辟阅读互助空间

开辟阅读疗法专用空间，设立阅读疗法专题书架，吸引高职大学生了解阅读疗法、关注心理健康，开展阅读心得交流、建立阅读疗法互助机制；进行心理健康测评，并根据心理测评结果指导学生阅读相关书目，跟踪掌握心理疏导动态、了解阅读疗法效果；利用微信、QQ、电子邮箱进行有针对性的心理疏导，对难以启齿的问题进行一对一的咨询服务，化解不良情绪，解决个性问题，让高职大学生从焦虑痛苦中解脱出来，达到自我调适、自我释放的目的。

（4）对症推荐专题书目

不同的学生有不同的心理，具体情况要做具体分析。可以通过文献调研、网站调查，根据大学生心理健康、阅读需求，因人而异对症推荐专题书目。向性格内向、忧郁自卑的学生，推荐欢快、积极、向上的书刊；向性格暴躁、易怒冲动的学生，推荐修身养性的书刊；向生活困难、不善交际的学生，推荐伟人传记和励志书刊。疏导和治疗高职大学生的心理问题，唤醒年轻人的向上热情，使他们走出心理困惑、走出抑郁，以饱满的精神投入学习中。

（5）创作校园心理剧

有目的地指导高职大学生结合亲身经历，根据日常生活中遇到的一些心理困惑，创作校园心理剧，将阅读、创作、学习、生活融入表演之中。通过特殊的戏剧化形式，在自然轻松的环境里，即兴扮演某种角色，让参加者用自己的语言和表演，疏解某种心理冲突下的情绪和行为，产生思想上的碰撞、心理上的共鸣，把生活、学习中遇到的问题，通过不同的角色表现出来，释放心中的郁闷和烦恼，得到宣泄和心理疏导。

（6）设立心理健康驿站

做学生的知心朋友，提供敞开心扉、倾听诉说的私密空间，如心灵书屋、文化诊所、心灵驿站。环境布置凸显人文关怀，温馨舒适、整洁美观，悬挂山水字画、名人名言，通过鲜花植物的视觉享受、舒缓音乐的听觉引导，让高职大学生放松身心、消除顾虑、敞开心扉、畅所欲言。可以由心理咨询师对学生进行辅导，学生之间也可以互为知己，分享战胜心理困惑的经验体会，以"大事难事看担当，逆境顺境看襟怀"互勉，共同走出心理障碍的阴影。实践证明，阅读可以缓解紧张情绪、安抚心灵，增强自信心和自我认同感，培养良好的心理素质和健康的人格情操。阅读疗法作为一项科学专业的心理健康教育模式，集预防、治疗和矫正心理治疗于一体，有着深厚的图书馆学、心理学与医学基础，在高职大学生中具有积极的推广价值。高职院校图书馆应顺应时代的发展，积极开展阅读疗法的理论研究和实践探索，帮助高职大学生释放不良情绪、缓解心理矛盾、减轻心理压力，让阅读疗法更好地为大学生的心理健康服务。

（三）陶艺心理疏导疗法探究

1. 陶艺疗法的概念

陶艺疗法是结合艺术学、心理学、医学的心理辅助方法，是指在专业人员指导下以泥土塑形为媒介的治疗方式，可以融合精神疗法和生活训练，通过陶瓷艺术的创作过程和完成的作品达到个体情绪、人际关系的再建、再适应。

2. 陶艺疗法在大学生心理健康疏导中的作用

心理学层面可以看作身心调节与表达的过程。陶艺作为一种艺术形式介入心理疏导，展现了艺术创造过程中一系列元素和活动的疗愈作用。在陶艺创作过程中，创作者内心情感得到表达与释放，不仅能宣泄情绪，还能通过作品使个体潜意识（或隐性危机感）具象外化。

（1）提供情绪宣泄与情感释放的途径

2017年，我国香港心理学家约书亚·米南设计了一项测量陶艺疗法对重度抑郁障碍成人影响的实验。结果显示，人们在创作陶艺作品时可以达到宣泄情绪，改善抑郁、低落等不良情绪的效果。高职大学生是即将步入社会的青年，心智处于快速成长的重要阶段，容易受到时代发展、社会环境、家庭等不稳定因素的影响，这对他们的心理健康、情绪管理与调节是一个艰巨的考验。部分高职大学生由于不能及时释放与宣泄自身的心理压力，而出现心理问题甚至发展成为心理疾病。因此，近年来各大高职院校趋向于采用更亲切、有效的心理疗法——陶艺疗法。陶泥具备极强的可塑性与互动性，学生可利用拍打、揉搓等方式发泄内心的压力，并将内心的障碍、困惑等心理问题通过陶艺作品以具象化的形式呈现出来。陶艺治疗除了能够增强高职大学生的心理抗压能力外，它还是一种具有较高安全性、包容性和疏导性的心理治疗方式，为消极情绪提供了一个便捷且安全的抒发渠道。陶泥材质的亲和性、可塑性、易用性给参与者营造了安全感和自我效能感，许多参与者表示，陶艺创作是个人情感释放和表达的载体，同时能有效减轻压力，具有让内心快速平静的显性作用。此外，相关研究指出，陶艺疗法经由一个强大的媒介（陶泥）来处理和化解诸多应激心理状态（如愤怒、悲伤、恐惧），为有严重心理问题的人群提供了内心缓和与康复的机会。因此，陶艺作为高职大学生心理治疗媒介是切实可行的，陶艺疗法对于提高高职大学生的心理健康水平具有显著作用。

（2）通过陶艺作品表达自我情感、收获成就感

人类的成就感和满足感多数来自创造的过程与成果，即创造力的成功回馈。

高职大学生在创作陶艺作品时，引起情感与认知反馈并通过思考和塑造作品来激发潜意识的情感表达及反思体验。因此，陶艺作为一种非语言的交流和表达方式，使参与者的精神状态、情感生活和主要人际关系等得以体现。陶艺创作对高职大学生的疗愈作用是非常显著的：第一，内心冲突与压抑的情感通过泥土重塑的过程进行发泄与表达；第二，可以将内心的情感借由作品传达出来。以学生作品为例（图4-3），体现了创作者对"莲"的欣赏与重塑，其在创作过程中获得与泥土对话、触摸泥土的体验，作品让学生收获了满足感、成就感。因此，陶艺作品是高职大学生展露自己心理状态的物化载体。

图4-3　学生陶艺作品

3. 陶艺对高职大学生心理疏导的有效治疗方式

综合上述实验及案例分析，笔者总结出能够有效对高职大学生进行心理疏导的陶艺治疗方式。具体通过以下四个阶段达到心理疏导的目的。

（1）快速破冰阶段

在实验环境中播放舒缓的背景音乐，让参与者在创作前消除紧张情绪与陌生感，向其介绍陶泥的材质特性，从而让参与者快速进入自由想象与尝试创作的状态。

（2）快速进入创作状态阶段

引导参与者主动与陶泥进行更多互动，充分调动他们的积极性与探索欲，使其通过双手与陶泥直接触摸的方式将注意力聚焦于陶艺创作。

（3）沉浸式创作阶段

参与者对陶泥进行拉扯、拍打、挤压、揉捏等，促进情绪释放与情感表达，降低自身防御心理。在这一阶段，他们从无到有地创建反映内心情绪的物化实体形态，并沉浸于陶泥带来的安全感和自我效能感。

（4）作品分析及反馈阶段

作品完成后，进行个体采访，通过参与者对自身作品的认知与分析可以发现，陶艺作品映射出其心理健康问题及期望解决心理健康问题的需求。该阶段的陶艺作品与参与者的心理状态形成逻辑对应，有助于明晰其具体的心理健康问题。

以上四个阶段是陶艺疗法对高职大学生心理健康问题的干预过程，参与者逐渐将自己的情感需求通过陶艺创作的非语言交流方式释放出来，无形中对自身心理健康问题进行了自我疏导。

（四）结合心理育人的心理疏导方式

学校心理疏导的本土化发展，需要立足我国学校思想政治教育工作实际，与思想政治教育有机融合，体现思想政治教育的本质特征，发挥思想政治教育的独特功能。因此，我国学校的心理疏导模式不能过分依赖心理学模式，而要走心理疏导与思想政治教育相结合的模式。具体来说，应从以下几个方面着手。

1.心理疏导与心理育人相结合，体现育人性

心理育人是教育者从教育对象的身心实际出发，遵循人的心理成长规律和教育规律，通过多种方式实施心理健康教育，有目的、有计划地对教育对象进行积极心理引导，缓解心理困惑、开发心理潜能、提升心理品质、促进人格健全，以实现培育有理想、有能力、有担当的时代新人这一目的的教育活动。心理育人是新时代学校思想政治教育的新任务、新使命，体现了时代发展对个体心理素质的更高要求。心理素质作为学生的基础素质，是其政治素质、思想素质、道德素质及科学文化素质形成的前提条件。学生的认知、情感、意志、需要、动机、思维及个性心理特征等因素与其政治态度、政治观点、政治立场的确立及世界观、人生观、价值观的形成密切相关。因此，注重心理育人，用社会主义核心价值观去引导、塑造学生的心灵，充分体现心理疏导的育人功能，是学校心理疏导本土化发展的重要体现。这就要求学校将心理疏导的重心从心理疾病的预防、矫治转向

健康心态的培育和心理品质的提升，着眼于社会发展的长远需要和学生的成长成才，不断挖掘学生的心理潜能，优化学生的心理品质，促进学生的心理素质与思想道德素质、科学文化素质协调发展。

2. 心理疏导与"三全育人"相结合，体现全面性

面对经济全球化、政治多极化、文化多元化、社会信息网络化的发展趋势，学生的思想观念日益开放多变、心理问题日益复杂多发，学校思想政治教育面临着更为严峻的挑战。推进全员、全过程、全方位育人，既是贯彻落实全国学校思想政治工作会议精神的必然要求，也是学校服务国家发展战略、推动教育教学改革的题中之义。做好新形势下学校的心理疏导工作，必须提高政治站位，坚持"三全育人"的工作理念，将心理疏导体现在全员、全过程、全方位，贯穿在教育、教学、管理的全过程、全领域，加强各种育人力量的协同联动，把心理育人融入课程育人、管理育人、服务育人、实践育人、文化育人、网络育人工作中，融入自我教育、家庭教育、社区教育中，打通"三全育人"的"最后一公里"，促进学生身心健康、全面发展。目前，学校心理疏导队伍主要由三部分构成，一是专兼职心理教师队伍，是心理疏导的核心力量；二是辅导员、班主任队伍，是心理疏导的骨干力量；三是学生心理工作团队，包括班级心理委员、宿舍长等，是心理疏导的补充力量。这支队伍是学校心理疏导取得实效的关键所在，但也存在一些问题，比如：专业能力不足、应对吃力；事务繁杂、人员短缺；职业发展前景不明、队伍不稳定等。因此，需要建设一支以心理教师、辅导员和班主任为核心，以思政课教师、学科教师和学生朋辈辅导员为骨干，以家长为基础，以教育教学管理人员和社区工作者为补充，专兼结合、专业互补、相对稳定、素质良好的心理疏导工作队伍。心理疏导不同于一般的交流、对话和沟通，具有较强的专业性，需要掌握一定的疏导技巧和沟通艺术，如倾听、共情、提问、质询、引导、具体化等技术。因此，要实现心理育人，就要通过多种途径，提高教育主体的心理育人能力和心理疏导水平，这是心理育人的关键环节。同时，要创新全员心理育人的模式，构建自助、互助、专业帮助、社会支持相配合的全员心理育人模式。其中，个体自助即引导学生进行自我教育，是全员心理育人的内在动力；朋辈互助即发挥学生的群体力量，是全员心理育人的重要推力；专业帮助即为心理育人提供专业指导，是全员育人的主导力量；社会支持是全员心理育人的重要保障，有助于推动自助、互助和专业帮助取得实效。

3. 心理疏导与立德树人相结合，体现导向性

立德树人是教育的根本任务，做好新形势下学校思想政治教育工作，必须着

重解决好"培养什么人""怎样培养人"和"为谁培养人"这个根本问题。这就要求学校思想政治教育将"育心"与"育德"有机结合，实现二者的内在统一。学生良好的心理品质与其道德认知、道德情感、道德意志和道德行为密切关联。心理育人通过"育心"来提升学生的道德认知能力、激发学生的道德情感、培育学生的道德意志、指导学生的道德行为，有助于学生形成良好的道德品质和自尊、自信、自爱、自强、自律的自我意识，塑造健全人格。"育心"与"育德"的有机统一，要求在心理疏导的过程中，充分体现心理疏导在立德树人中所具有的理想信念导向价值、道德人格塑造价值、积极行为激励价值、心理素质提升价值及健康心态培育价值。

总之，思想政治教育视域下的心理疏导，既是一个心理安慰与宣泄、认知调节与改变的心理疏通过程，又是一个思想解惑与导向、价值澄清与重建的价值干预过程，这就决定了我国学校心理疏导模式发展的一些基本的方向，如心理疏导视野从微观心理发展向宏观社会发展；心理疏导领域从心理解惑到身体、心理、道德等全面发展；心理疏导方法从片面强调专业性向整合性和多样性发展；心理疏导重点从关注心理层面向介入价值层面等纵深发展；心理疏导队伍从专业人员向全员发展。

三、当前高职院校心理疏导的应用现状和不足

（一）传统思政教育工作对心理疏导的重视度不足

高职院校传统思政工作的主要内容是围绕马克思主义相关概念、社会主义建设相关概念等，对学生进行理论教育。虽然对课本内容的讲解较为细致，但具有非常明显的说教特点，需要学生适应教师的授课节奏，同时授课方式比较死板。在时代的变化过程中，学生所处的社会环境已经发生了深刻的变革，传统思政教育方式与不断变化的教学环境适配度不断降低，难以切实为学生提供新时代的思想政治指导，这使得当前高职院校思政工作的实际教育效果始终不尽如人意。在传统思政教育模式的影响下，高职院校思政教师通常会以单向输出的方式对学生的意识形态进行指导，对学生的反馈重视度较低，更不重视对学生进行针对性的心理疏导。我国大部分学生的独立生活都是从大学阶段开始的，大学生在该阶段中慢慢学习如何处理个人事务，个人意识在该阶段也达到峰值，长期对学生进行单向输出教育，与学生的自主和独立意识产生冲突，使其逐渐产生厌烦心理，甚至让学生产生理论教育无用的主观想法。传统思政教学模式下衍生的师生交流也

具有一定的形式化特点，让学生误以为思政教育中的心理疏导等同于死板说教，反而抑制学生畅所欲言的欲望，甚至会进一步加重学生的心理负担。

（二）相关机构的实用价值未能得到充分发挥

沟通是进行有效心理疏导的重要前提，也是了解大学生思想波动原因和思想误区的重要方式。只有通过沟通才能实现思想交流、价值观念碰撞、情感交流等多种心理疏导目标，能让参与沟通与交流的主体都能从中获得启发，丰富自身审视问题的角度。当前，很多高职院校内设置了心理窗口、心理站等机构，专门负责学生的心理疏导工作，该种变化是教育理念进步的一种明显表现。在相关机构中任职的教师应具有平易近人的亲切气质、善于倾听的能力和强大的共情心理，能在实际工作中真正理解学生的困惑心情和迷茫心理，如情感困惑、就业焦虑、人际关系处理难题等。以带入的方式为学生提出相应的建议，并在沟通的过程中为学生渗透更高层次的道德意识、理想和信念、意识形态等，使学生能走出困境，肯定自身价值。但实际上，很多高职院校心理疏导机构的工作流于形式，与学生的沟通严重不足，学生对其信任度也低于平均水平，导致其难以发挥出真正效用。

（三）网络载体的实用功能亟待开发

网络载体在当前高职院校心理疏导工作中的应用十分广泛，网络载体的应用能降低学生在与教师交流时的紧张感和局促感，减少学生的压力，但师生间情感的交流也被大幅削减，学生难以从网络载体中切实感受到教师的关怀，甚至会因为用词习惯的差异出现理解偏差，不利于提高心理疏导的实用价值。如何应用网络载体为学生提供更深层次、更高质量的心理疏导服务应是各大高职院校在未来思政工作中的重点研究内容，只有全面开发网络载体的更多实用功能，及时了解学生的思想动态，才能更加准确地制定心理疏导方案，提高高职院校思政教育的质量。

（四）思政教师的心理疏导能力有待加强

大部分高职院校中心理疏导工作是由思政教师兼任的，思政教师的心理疏导水平会直接影响该项工程的应用质量。责任意识、人文关怀和沟通能力、心理疏导能力是心理疏导工作的基本要求，但部分教师会在传统教学理念的影响下，不自觉地将自身置于上级指挥的位置，让学生在沟通过程中压力倍增，难以真正拉近和学生的距离，使沟通停留在表面。另外，部分教师因缺乏专业的心理疏导素养，难以通过科学的方式与学生进行高效沟通，造成心理疏导工作形式感严重。

四、高职院校运用心理疏导的途径建议

（一）加强心理知识宣传，打破传统观念

随着各种压力的持续增加，现实生活中的心理问题层出不穷。但是在传统观念的影响下，许多学生在遇到心理问题时，难以主动寻求医学治疗，都是默默承受，实在无法忍受才会寻求解决途径。比如一些学生考试前就会烦躁，一想到考试就会头疼，无法正常学习，而学生和家长不认为这是心理问题，只有到医院进行了各种检查，确认身体没有问题才会考虑心理问题。即便发现是心理问题，学生也不会及时去看心理医生，认为传出去不好，进而会错过心理干预及治疗的最佳时期。因此要开展心理疏导，就必须打破传统观念束缚，让学生自身重视心理问题的治疗，积极配合教师的疏导工作。高职院校及教师要认识到心理疏导的价值，将心理疏导融入思想政治教育中，发挥心理疏导的真正作用。高职院校必须加强心理知识宣传，采用多样化的宣传方式，如教师可在教学课堂上合理融入相关知识；可以在校园宣传栏开心理知识专栏；还可以通过媒体及网络提高宣传力度，宣讲出现心理问题的症状，让学生结合自身实况进行判断；还要鼓励学生不要惧怕心理问题，要敢于面对，让学生一旦出现心理问题就及时提出来，寻求老师及学校帮助，主动与老师进行交流沟通。同时，还必须加强落实力度。如果只是加强宣传而不落实，就会丧失宣传的价值和意义。高职院校应该通过各种活动，比如心理知识竞赛、心理知识演讲赛等，给予优秀学生一定的奖励，引导学生积极参与活动，这必然会将心理知识宣传落到实处，让学生真正掌握心理问题相关知识，真正意识到及时解决心理问题的重要性。

（二）打造和谐校园文化，加强德情教育

笔者在与一名已经工作的学生的交流中得知，他已经辞职准备另找工作。这让笔者感到非常诧异，因为他的工作单位不错，收入也比较可观，怎么突然就辞职呢？学生沉默良久后告笔者，他的收入确实可观，但公司除了工作外就没有其他活动，他感觉自己成了工作机器。事实上，许多公司都不重视员工的心理问题，当员工辞职后，公司仍然不知道辞职原因。高职院校是开展高等教育的主阵地，更是为社会培养人才的重要场所，所以要高度重视校园文化建设，以和谐文化解决学生心理问题。在和谐校园文化氛围中，学生能感受到师生情，体会到同学情，当学生出现心理问题时会主动与教师倾诉，与其他同学畅谈。只要摸清楚学生心理问题的根源，教师就能有针对性地进行心理疏导。高职院校应利用自然环境、

传媒环境及校舍环境等文化资源，打造生态校园，构建环境文化。在宣传橱窗中，可设置校园风景线、优秀作品展示等各种橱窗，展出师生的优秀作品。在教学楼道，可以张贴各类与心理相关的名言警句、各类心理活动的剪影等。通过每间教室、每面墙壁营造温馨的氛围，让学生置身在校园文化中，产生出赏心悦目之感。学生置身于充满人文气息的温馨环境中，心情自然豁然开朗，这能有效缓解学生的心理压力，无形中发挥出心理疏导的作用。

（三）集体与个人疏导结合，开展差异化运用

从高职大学生心理困扰调查可知，造成心理困扰的主因是现实问题，涉及学习、就业及情感几个方面。从学业来看，大多数学生对以后的工作岗位比较迷茫，不知道毕业后应该从事什么职业，尤其是大二、大三的学生表现得非常突出。高职院校在开展思想政治教育时，应该分析该困扰属于共性还是个性。对于共性心理困扰，应该采用集体疏导模式，例如可通过报告会、讲座及演讲等方式，这样能够解决大多数学生的心理问题，发挥出事半功倍的作用。如果心理问题涉及学生的个人家庭背景、生活环境及个人经历等方面，则属于个性，针对这种心理问题就要采用个别疏导的模式。对学生进行日常心理疏导时，还应该针对学生的心理测量结果，为学生量身制定职业生涯规划，让学生真正明白就业形势与自身实力，这样才能解除学生内心的困扰。在心理疏导过程中，采用个人疏导与集体疏导相结合的方式，能有效解决学生的心理问题，提高疏导效率。而且通过这种疏导途径，还可以解决具体的思想问题，让学生转变思维，能够看清并直面现实生活。

（四）线上与线下相结合，提高心理疏导的效果

在这个智能时代，学生几乎是人手一台手机，而且是机不离手，时刻都在关注网络信息变化，网络上逐渐形成了社会舆论环境，网民成为控制社会信息的主力军。因此，在开展心理疏导过程中绝对不能轻视线上的力量。网络传播的内容应具备显著性和公开性、报道应具有快捷性、时间应具有持续性，总之，知识信息量非常大。针对这些特点，要意识到网络平台中的平等性，师生在这个环境中都能平等获取所需信息资源。而且在网络交流中，学生轻松自如，沟通没有顾虑，能够尽情发表个人的看法与见解。因此，教师通过网络开展疏导，相对而言要容易得多，这就必须要将"导"作为重点。其次，还应该结合实况构建线上专人疏导制，将心理疏导落到实处。线上与线下并举的模式，能够有效填补传统只有线

下教育的空白，老师可以不受时间与空间限制进行心理疏导。比如在学校的百度贴吧中，一些学生可以对学校的教育管理提出意见，一些学生提出学习感悟，还有一些学生对现实进行抱怨。通过网络留言就可发现"网情"与学校情况有一定的相之似处。因此，通过线上了解把握了学生的思想状况，了解了学生的实际需求，接着积极开展网上疏导，通过网络心理咨询、网络答疑等各种模式，引导学生逐渐形成健康的人生观。

（五）构建人文关怀与心理疏导结合的机制

1. 构建多维育人空间，凸显思想政治教育隐性功能

学生成长的各个阶段，会受到复杂文化和思潮的影响。高职院校对知识教育、人格教育、文化教育、思想政治教育的功能和优势要建立正确的认知，从各个方面加强学生的价值塑造和思想引领。高职院校须全员、全面、全方位地开展思想政治教育，使学生的知识素养、能力素养、思维素养、科研素养、创新素养等获得全面培养。针对思想政治教育中人文关怀和心理疏导机制的建构，高职院校须构建多维度的育人空间，以实现培养德智体美劳全面发展的人才目标。高职院校不仅要帮助高职大学生树立坚定的政治立场，全面提高他们的思想政治觉悟，充分发挥思想政治教育育人的显性功能，还需根据学生的心理问题，凸显思想政治教育的隐性功能。高职院校应立足思政课堂，以优质的理论知识和优秀的传统文化为载体，有效陶冶学生的情操和净化学生的心灵。高职院校须构建健康和多元的校园文化，将民族精神和革命奉献思想等作为学生在校园讨论的话题。高职院校不应将思想政治教育局限在封闭的课堂上，更不要被统一的教材限制，需将现代文化和传统文化结合、将网络热议话题与中国特色社会主义共同理想进行对接。高职院校应引导学生对生命的价值和意义进行深度思考，在学生出现成长困扰和实际困难时，给予他们人文关怀和正确的心理疏导。在注重提升高职大学生思想政治觉悟的同时，助力他们身心的健康成长。高职院校需在课内和课外积极开展文化和思想交流活动，从不同维度和渠道渗透思想政治教育内容，培育出具有爱国思想、社会责任感、优秀道德品质的高职大学生。

2. 建设充满人文关怀的心理咨询室，调整思想政治教育规划

在人文关怀和心理疏导机制的建构中，高职院校需将物质文化和精神文化进行科学融合。教育工作者应注重弘扬大学精神，使学生在学习和成长的各个阶段能形成独立的思考能力，建立强烈的民族文化自信心。高职院校应注重培养高职大学生的科学精神与人文精神，令他们树立远大的人生目标。在此诉求下，高职

院校若想帮助高职大学生奠定健康坚实的人生发展基石，应积极建设具有人文关怀的心理咨询师队伍，以保证学生身心的健康成长。教育工作者应认识到大学精神是无形的，必须以学生外显的不良行为作为调整思想政治教育的依据或触发条件。教师应根据学生不同时期的思想成长问题，有计划地调整思想政治教育规划，不被既往的教育经验和教学规律制约。多元文化背景下，大学生面临着严峻的生活和学习压力，容易对未来生存产生消极的思想。在此环境下，高职院校必须注重心理健康教育，利用有形的心理咨询室对学生的负面情绪进行疏导，在诱发心理疾病的初级阶段，能有效对学生进行心理干预和指导。

3. 以学生思想成长情况为参照，设计思想政治课程内容

高职院校既要组织学生正确理解先进的马列主义哲学思想，还需动态关注他们的思想成长状态和心理问题。教育工作者应以学生的思想成长情况为参照，更加有针对性地设计思想政治教育内容。尤其面向即将毕业的高职大学生，高职院校应做好创新创业教育和就业指导工作，避免他们因求职受挫而产生严重的消极心理。教育工作者应帮助学生树立正确的就业观和择业观，基于对自我价值的正确定位，让他们能主动进入具有发展前景的中小企业工作。高职院校应致力于培育出踏实肯干、务实创新的新时代人才，使高职大学生不被金钱至上的狭隘思想所迷惑和影响。而人文关怀和心理疏导机制的建构，可以营造一个健康向上的教育环境。教师应根据高职大学生的就业心理，以及他们当前的思想问题等，将心理健康教育和就业指导等课程合理地渗透到思想政治教育中，既加强高职大学生的思想政治觉悟，还能帮助他们形成健康的心理和思想，让他们对眼前的就业或创业困难保持端正的态度。高职院校思想政治教育应保持高度的灵活性和实效性，教师需时刻关注高职大学生思想成长的各种问题，基于完善的心理疏通机制，使他们顺利和有序地融入社会生活。高职院校须充分体现思想政治教育的人文属性，注重学生的心理健康教育和疏导，避免他们被高压和复杂的社会环境所影响。高职院校致力于创建丰富和优质的大学生精神家园，将红色文化科学融入思想政治教育内容中，令学生传承红色文化基因，成为不怕苦、不怕累、勇于奉献和牺牲的时代所需的人才。

4. 以新媒体为媒介，疏通高职大学生对社会发展的闭塞认知

高职院校思想政治教育需嵌入整个社会经济发展的大环境中，对传统教育空间进行多维延伸，既要发挥传统课堂主渠道育人的功能，还需加强高职大学生的社会教育。面对当前高职大学生缺乏坚定理想信念的问题，高职院校应以新媒体为媒介，引导教育对象对社会经济和政治等领域的发展趋势，进行辩证和深度的

思考。高职院校思想政治教育应展现出一定的时代性和实效性，加强对高职大学生的人文关怀，对他们的职业生涯规划、学习困扰、价值定位等进行全面了解。当学生对社会阶层价值定位缺乏正确认知时，高职院校应以思想政治课堂为载体，对学生进行有效的心理疏导，引导他们对社会经济发展、产业转型和升级进行正确理解。关于新媒体平台中对现实社会贫富差距话题延伸出的偏激言论和思潮，高职院校应引导学生独立思考后，使其从不同角度和层面找出诱发原因和影响要素，以此使高职大学生对自身的能力和认知进行正确定位，积极参与专业教学活动。高职院校应基于新媒体平台，引导学生对社会发展的影响要素进行正确判断，引导他们建立正确的就业观、文化观和价值观。避免学生受不良思想和言论的影响而产生反社会等偏激心理，应通过更加具有人文属性的思想政治教育，帮助高职大学生树立正确的价值观并促使他们建立健康和完整的人格。要发挥新媒体平台积极影响，疏通大学生对社会发展的闭塞认知。以思想政治教育为工具，加强高职大学生的人格教育和知识教育，令他们积极面对严峻的就业形势，通过不断提升自身能力改变生活困境，而不是埋怨社会的不公平。高职院校应引导高职大学生正确解读互联网平台的诸多言论，针对学生焦虑和抑郁等心理问题进行科学干预，全面提高他们的逆商和抗压能力。

（六）为学生正确普及心理疏导的作用

自我教育是思政教育中的一种对自身心理状态进行调节的重要方法，让学生在正确价值观的引导下对自身进行有目的性的心理调节，缓解自身焦虑、不安或迷茫的情绪，提高自身情绪的稳定性。具有强大的自我调节能力的学生，能以更加高效的方式进行工作和学习，更好地抵抗外界不良因素的影响。将自我教育应用在心理疏导中，能打破传统心理疏导工作在时间、地点、沟通主体中的局限性，显著提高高职院校心理疏导的工作效率。高职院校应为学生正确宣传心理疏导的真正含义和实际作用，如召开会议、举办讲座、交流活动等，让学生了解心理疏导工作的不同形态，学习进行自我教育的方式等。通过此种方式让学生正确看待心理疏导对自身发展起到的积极作用，以更加开放的观念接受心理疏导，使高职院校能通过心理疏导为学生渗透更高层次的理想教育、价值观教育、社会观教育等，帮助学生建立健康的人格和系统的思想体系。

（七）充分发挥现代电子产品的应用价值

电脑、手机等电子设备几乎已经成为当代大学生的"标配"，学生对该类电子产品具有先天性的好感。高职院校和教师可充分利用这一特点，应用现代电子产品与学生之间建立良好的沟通渠道，及时了解学生在不同阶段的心理特点，采取针对性的对策为学生提供指导和帮助。采用此种方式能有效规避传统思政教育中心理疏导工作适应性不强的问题，教师应积极转变教育思想，深入了解当代学生习惯的网络用语，如很多"00后"喜欢用拼音或英文字母缩写的形式进行聊天，教师也可在和学生沟通时，以带入的方式和学生进行沟通，避免出现理解误差的情况，既能拉近和学生之间的距离，弥补网络沟通过程中情感碰撞较弱的缺陷，也能保证沟通的高效性。还可建立校内心理咨询网站、公众号、短视频账号等，向学生宣传心理健康教育内容，为学生提供多种心理咨询渠道。在维护相关媒体与账号的过程中，也应避免发布具有严重教条性质的内容，通过趣味性内容吸引学生的关注。

（八）提高师资队伍的思政教学水平和心理疏导能力

思政教学内容中确实含有较多概念性知识，如何在新的教育环境中让学生更好地对相关知识进行接受和理解，将其转化为指引学生行为的内因，是当前高职院校思政教师在普遍思考的重要问题。对思政教师来说，若想真正提高学生对思政教育内容的兴趣，首先应建立良好的双向沟通关系，让思政教育中的教育和接受教育的主体都能充分表达自身的真实诉求，提高学生在思政教育中的地位，从学生角度出发，根据学生面对真实心理障碍采取相应的教育方式。另外，在对学生进行心理疏导的过程中，应结合思政教育内容为其渗透更深层次的价值、理想、信仰教育，如很多临近毕业的学生会产生就业焦虑心理，若未能采用科学的方式释放压力，可能会使学生对自我价值产生怀疑、缺乏自信等。教师可引用"中国近现代史纲要"中的相关内容为学生进行启发，近代中国在社会性质、人民发展需求、历史任务等各个方面都存在突出的矛盾，之所以能成为当代更好的中国，是因为无数革命先辈在坚定信仰的支持下作出的努力和奋斗，才最终革命成功。每个学生的个人发展都可看作一场革命，需要学生先强大自己的内容，以坚定的信仰和目标完善自身，必然会获得更好的发展，以此进行理想教育，坚定学生的内心、缓解学生的压力，使学生建立健康的思想意识。

第五章　高职大学生人际交往能力的培养

本章针对高职大学生人际交往能力的培养展开论述，围绕四个方面进行阐释，依次为人际交往能力的概述、高职大学生人际交往中的常见问题、高职大学生人际交往的技巧及良好的人际关系构建对高职大学生的影响。

第一节　人际交往能力的概述

一、人际交往能力的内涵

（一）人际交往能力的概念

人际交往，也称人际沟通，是指个体通过一定的语言、文字或肢体动作、表情等表达手段将某种信息传递给其他个体的过程。高职大学生正处于对交往、理解及友谊极其渴望的时期，通过人际交往从而结成自己的关系圈是健全个体人格的基本途径。当代高职大学生多数为独生子女，在成长过程中容易形成以自我为中心的性格，离开原生家庭且初入社会的高职大学生在与其他人交往的过程中，容易产生过于维护自己利益的不良行为。人际交往能力作为社会适应能力中的一个重要组成部分，直接或间接地影响大学生各项能力的发挥。人际交往能力有多个方面可以得到体现，如感受别人情绪的能力、理解别人想法的能力、表达自己想法的能力、与别人协调合作的能力等。人际交往是高职大学生综合适应能力的体现。但是高职大学生无论是在哪个方面都有不足之处，以致出现各种各样的交往问题。每个人都不能脱离社会而自我生存、自我发展，需要建立人际关系，与人进行沟通和交流。因此，现如今一个亟待解决的问题是高职大学生的社会适应能力较差。相关研究表明，大学生人际关系困扰程度为 42.71 %，男女间受人际关系困扰程度不存在显著差异，其中轻度人际关系困扰的约 40 %，重度人际关系困扰的约 20 %。总之，帮助高职大学生提高人际交往能力，利于提高其解决问题的能力及发展当代高职大学生的社会适应能力。

（二）人际交往的原则

1.平等原则

平等待人是维持正常交往的前提。我们知道，市场经济的基本原则就是平等交换，公平竞争，它贯彻到人的交往中就是平等原则。西方社会学家认为交往中给予和回报等值、交往代价与交往报酬对等。在市场经济中社会平等是交友的首要原则。平时经常讲的在人格上人人平等，无高低贵贱之分、朋友式的关系、同志式的关系，都是这种原则的具体体现。平等体现在人际关系上就应该是平易近人、和蔼可亲，绝不能给人居高临下、好为人师的形象和感觉。那种一副教训别人、强迫命令式的态度，只能引起别人的反感。所以要防止任何形式的优越感，也要防止低人一等的自卑感，这样才能搞好人际关系。在大学生中，学生干部对一般同学，学习优秀的同学对学习较差的同学，生活条件好的同学对生活条件较差的同学，来自大城市的同学对来自农村的同学，乃至于男女同学之间，一旦流露出优越感或骄傲的情绪，就会破坏和谐的气氛。同学之间要做到彼此平等相待，班级干部或辅导员、班主任要做很多细致的工作，尤其重要的一点是要一碗水端平，不能偏心。干部和教师能平等待人，同学之间的平等关系就容易建立和保持。

2.团结原则

团结是人际关系的重要原则。一个安定团结的社会环境，对公民的工作、学习、生活都十分重要，没有安定团结的社会环境，什么事也干不了。团结作为一项原则，对培养人的高尚的道德情操、增强社会的凝聚力、促进社会的稳定、提高工作效率、促进人的身心健康，都十分重要。社会主义人际关系的团结原则，要求公民和睦相处、团结互助。当前，人们提出理解万岁的口号，便是人们发自内心的，要求相互理解、相互信任的一种心灵的呼唤。但是，这种信任和理解是相互的，要别人理解自己，首先要理解别人。坚持人际交往中的团结原则，要求每一位公民对他人要诚恳，为人处事要讲究方式方法，正确处理人与人之间的利益关系，遇到矛盾多做自我批评。从团结的愿望出发，经过批评和自我批评，可以在新的基础上达到新的团结。在人与人之间的团结和友谊方面，需要用忠诚去播种、用热情去灌溉、用原则去培养、用谅解去护理。

3.互助原则

互助精神作为中华民族传统美德的一部分，在我国各族人民中间有着悠久的历史。社会主义人际关系中的互助精神，包括集体与集体之间协作互助的精神；

集体与个人之间的互相关心、互相帮助的精神；个人与个人之间的互相体贴、互相照顾、互相帮助的精神。社会主义人际关系中的互助原则还体现在助人为乐、扶贫济困、见义勇为等社会风貌上。

二、人际交往的意义

人际交往是人类社会的最基本现象，是人类社会活动中不可缺少的组成部分。人际交往在人类社会生活中具有十分重要的意义。

（一）交往是人类社会的前提和基础

自从有了人，就诞生了人类社会，而交往作为人类技能随之发挥作用。正因为有了人际交往，人类历史上创造的物质文化和精神文化才能得以世代相传。在现代社会中，交往已成为人类的基本社会需要之一，每个人的生存和发展都离不开与他人的交往。

（二）交往是人的社会关系实现的前提和基础

人类的基本实践活动——生产活动作为一种协同活动，是以人际交往的实现为前提的。正是由于人们在生产活动中所占有的地位不同形成了人的各种社会关系。在现代社会中，人际关系的实现是这些关系实现的基础，是人们交往的直接结果。只有通过交往，人们才可能相互结识，进而发展成各种各样的人际关系。

（三）交往是一切社会心理现象发生、发展的基础

人们在交往的过程中才能认识周围的一切，才会形成一定的态度，产生社会性需要，才能建立起一定的人际关系，才会有模仿、暗示、从众等社会心理现象的产生。社会环境对人的影响也是通过人际关系实现的。

第二节　高职大学生人际交往中的常见问题

一、高职大学生常见的人际交往现状

高职大学生的性格日趋成熟与稳定，已经形成了相对稳定的人生观、价值观、世界观，在各种问题的应对和处理中都表现出自己独特的观点，进入大学之后，

建立良好的人际交往关系成为高职大学生面临的重要课题，大多数学生处于渴望交往、渴望理解的心理发展状态，高职大学生的人际交往呈现出与初高中时期显著的差别。高职大学生交往范围扩大，他们的交际圈子不再局限于同班同学，而是发展到年级、学院或者学校，甚至借助网络等手段接触到更多的社会人。同时高职大学生也渴望接触到更多和自己志同道合的朋友，在交往对象的选择上具有一定的选择性和理想性。高职大学生的交往频率也有所提高，他们有更多的自由时间可支配，他们可以通过丰富多彩的社团和校园实践活动、娱乐聚会活动等进行自由交往。同时，高职大学生人际交往中还存在很多不足，接下来我们从以下几个方面详细阐述在校高职大学生常见的人际交往现状。

（一）师生关系

根据对大学进行的一项调查显示，有 31.37％ 的大学生不与教师沟通，有 47.06％ 的大学生认为教师的生活指导不是很有用，有 71.57％ 的大学生有问题，但不愿和教师说话，根据一项相关的调查显示，在大学中，师生关系的冷漠普遍存在。

（二）学生关系

从学期开始时的自我介绍到下课后一目了然，有些高职大学生即使在学期后的几周内也无法准确匹配其同学的名字和相貌。大学生之间的交流主要是通过微信和 QQ 等新媒体进行的，可以在互联网上聊天的朋友即使彼此见面也可能彼此不认识。进入大学后，高职大学生拥有了许多自由的空间，他们带着强烈的交往欲望，带着对友谊的美好憧憬来结交朋友，相处时间一长，发现了朋友身上的一些缺点、毛病，有的高职大学生会用自己的方式改造他人，但结果通常是失败的；有的高职大学生因此疏远朋友，把友谊停留在表面。有些高职大学生经历了几次这样的打击，引起了强烈的失落感，时间久了就导致对交往恐惧，拒绝与他人沟通，自我封闭，从而远离整个集体，对社会产生不信任感。

（三）宿舍关系

复旦大学的"毒品事件"，云南楚祥学生宿舍被暗杀事件……这些流血的真实案例说明了宿舍关系处理不当的悲剧。如今，学生宿舍冲突仍有发生。室友们在琐碎的事情上进行争吵，6 人的宿舍组成 5 人微信群，彼此怀疑，拒绝透露自己的诚意。研究人员对 311 名大学生的调查结果显示 31.80％ 的大学生人际交往有一定困扰，13.20％ 的大学生人际交往有严重困扰；同时，湖北师范学院和黄石理工学院的 350 人的调查结果显示 29.70 % 的大学生人际交往有一定困扰，13.00 % 的大学生人际交往有严重困扰。两者调查结果比较接近。研究人员对河北北方学院农业科学系 2000~2003 级专科在校学生 568 人的人际交往能力调查结果表明，农科院校大学生人际交往能力存在困难和严重困难的学生约有 43.19 %，整体的人际交往能力较差。

二、高职大学生人际交往的常见问题

受应试教育的影响，大多数学生在进入大学之前，社交环境相对比较封闭，社交能力普遍较弱。部分同学因为较少参与到一些现实活动中，导致不能形成对自己的合理评价，也就对自己在社会环境中的地位和角色无法得到正确认知，从而产生多种交往困扰，严重者甚至影响心理健康。通过日常工作中的接触和观察，高职大学生常见的人际交往困扰主要表现为以下几个方面。

（一）缺少与人交往的意识

这类学生由于受社会条件、自然环境或性格特征的影响，形成一种孤僻心理，喜欢独处，不喜欢与他人交往，也不愿意参加集体活动，经常独来独往，沉默寡言，他们或是高度专注于自己的大学生活和人生规划，不屑与他人交往，骄傲自负；或是对自己的生活完全没有规划，兴趣爱好比较少，性格内向，沉浸在自我的世界中不愿意敞开心扉。这样的学生往往感受不到人际交往带来的乐趣，缺乏合作意识，集体意识淡薄，容易出现网络成瘾、抑郁等问题。

（二）缺乏与人交往的勇气

大多数学生都希望与人交流从而摆脱孤独与寂寞，融入某一集体，被集体接纳，但是缺乏与人交往的勇气，产生羞怯心理，现实生活中这样的情况也较为普遍。我们经常会发现有的学生与亲近的家人、朋友交谈时滔滔不绝，但一遇到陌生人，或者在正式场合发言，就会语无伦次、面红耳赤，从而错失很多交往机会。羞怯心理产生主要有两方面的原因，一个是先天遗传的神经活动类型，另一个就是后天的心理发展状况，而后者是主要因素。很多学生过于自卑，神经敏感，害怕自己在众人面前暴露缺点，期望值与理想值过高，形成一种心理定式，容易陷入焦虑、抑郁等交往心理障碍的怪圈。

（三）缺少与人交往技巧

高职大学生在与人交往过程中，由于无法掌握有效处理人际交往问题的方法，缺乏交往技巧，经常会沟通不畅、交流失败。如无法克服自己的狭隘心理和嫉妒心理，害怕别人超过自己而不与人敞开心扉真诚交往，容易猜忌别人，敏感而易怒，深藏于内心的负面情绪经过长时间的酝酿，最后会以歪曲的形态爆发出来，表现为不愉快、敌视等问题。再比如有些同学虽然没有心理上的交往障碍，但由于个人成长背景、价值观的差异，而无法正确理解和感知他人的情绪，或是自己的情感无法通过正确的途径传递给对方，致使沟通不畅，由此引发一系列焦虑、抑郁等心理问题。

（四）容易以自我为中心

现代的高职大学生是在以自我为中心的环境中成长的，因此在人际交往过程中他们倾向于与他人严格相处，很少有自我要求，并且习惯于与周围的人和事物打交道。如果其从自己的角度考虑，几乎不会在乎别人的感受。在与学生、朋友和教师互动的过程中，他们不知道如何从不同的角度思考问题，并且缺乏与他人合作的概念。以人为中心的思想和高职大学生人际交往中自我意识，思想和要求的起点对人际交往和交往产生了许多负面影响。最直接的结果是一些高职大学生无法适应大学群体生活的环境。

（五）交往中功利主义严重

在中国市场经济改革不断深化、就业压力日益增大、竞争日益加剧的情况下，高职大学生越来越重视人际交往过程中的物质利益。越来越多的高职大学生追求"有用就是真理"的实践价值。因此，在与他人交流的过程中，一些高职大学生盲目地强调自己的感受，只关注自己的兴趣，一些学生则认为他们是实现自己兴趣的工具。一些学生将功利主义作为人际交往的思想，只与有用的人互动，而不与无用的人互动，善与深层交流的人互动，不善与浅层交流的人互动。

（六）故步自封抵触交际

当前，由于缺乏人际交往的能力，一些高职大学生习惯于独自一人，并将其视为"时尚"，在这种情况下，人际交往问题无止境。许多高职大学生由于缺乏交流和交流方面的实践经验而害怕人际交流，并且由于焦虑和自卑经常避免说话和避开同学。即使在与他们沟通的过程中，也很难表达出真实的感受和想法。许多高职大学生被被动的封锁，常常不愿与人交流，这常常导致他们的性格偏执，导致大学生之间的人际交流危机。

（七）沉浸虚拟，人情淡漠

在线虚拟交流是一把双刃剑，一方面，扩大了高职大学生的社会地位；另一方面，大学生往往变得对现实世界和现实世界中的人际关系一无所知。高职大学生在现实世界中的人际交往存在问题，他们倾向于以强烈的主观能动性选择互联网上的虚拟互动来追求舒适和满足感，导致他们对真实的人际关系漠不关心并形成恶性循环，倾向于逃避。沉迷于互联网最终会导致自我封闭等不良现象，使人际关系变得越来越冷漠和疏远。

三、高职大学生人际交往常见问题的成因分析

（一）个人和家庭因素

1.自身因素

刚上大学的高职大学生思想简单，缺乏社交经验，心理尚未成熟。中学学习的大部分内容是书籍的理论知识，社会经历简单而肤浅，心理承受力相对较差。当了解自己，评估自己并进行自我教育时，大多数都是从学习的角度出发的，而过于单方面的评估通常会使其自满。

2.家庭教育的原因

当前，高职大学生的父母会像对待孩子一样主宰他们，并且他们在做每件事时都保持自我中心的态度，但是他们缺乏理解、适应和照顾他人的意识。从儿童时代开始，父母就一直在严格的保护和控制，以至于孩子缺乏人际交流的机会和个人心理空间，并且在面对人际关系问题时下意识选择退缩。随着社会贫富差距和家庭经济状况的发展，一些学生过强的自尊心、悲观情绪加深了同学之间直接沟通的障碍。

同时，作为构成社会的细胞，家庭在塑造和培养青少年人格中起着根本性的作用。家庭关系状况对高职大学生的心理健康有重要影响。父母离异、单亲家庭或父母之间的紧张关系给孩子带来了不可磨灭的心理阴影，形成了不健康的性格。此外，随着社会经济的发展，家庭中的孩子数量很少，因此家庭中的长者更爱孩子，使他们形成了更加鲜明的个性，以自我为中心，缺乏分享意识，难以考虑他人的感受。同时，由于生活环境和社会的飞速发展，青年学生在日常生活中与同

龄人进行深入接触和交流的机会和时间有限，缺乏顺畅的沟通机制。有些学生比较内向，通常处于封闭的世界。对于大多数学生来说，大学生活是第一次真正的小组生活。除了学习之外，在宿舍中与其他学生进行社交、小组活动、社团活动等也需要良好的人际交往能力。这时，由于他们缺乏相关的生活经验和认知，无法有效解决群体环境中由性格、工作和放松方式差异引起的偶然冲突，并且难以传达相应的情绪，很可能成为人际交流的障碍。

（二）学校因素

目前我国的培训多数仍是应试培训，对学生的教育过分追求入学率，而忽视了培养人际交往和沟通技巧等学生的内部素质。许多学校都把学生的学习成绩放在首位，忽略了培养学生的人际交往能力，甚至有些学校把学生的思想道德教育作为一种形式。这使学生在工作面试和其他活动中讲话时会害羞、内向、胆小和恐惧。

（三）社会因素

随着市场经济改革的不断深入，竞争的加剧逐渐取代了人与人之间的友好关系，导致冷漠、人际关系疏远和人际沟通障碍这些问题的出现。今天我们仍然提倡传统观念，即以公义为重，但市场经济利益的影响使一些人对金钱和财富的看法越来越务实，越来越追求名利。大学生一直很容易接受新事物、新思想和新思想，因此，即使在大学生的人际交往中，社会上普遍存在的功利主义仍会导致学生因贫富不同而产生心理上的差距。

四、高职院校构建大学生良好人际交往的策略

（一）建设专业化的辅导员队伍

辅导员队伍的素质和专业水平直接影响着高职大学生思想政治教育的实效。在高职大学生的平时生活中，会遇见各种各样的人际交往问题，怎么样才能处理好生活和学习中的同学关系、宿舍关系、恋爱关系及职业生涯规划问题等一系列问题，需要有老师的专业性的指导。生活中经常会出现不和谐的因素，面对不同性格和不同年龄的学生，需要老师深入学生中间，了解学生共性和个性的需求，根据学生的年龄和心理特点，有针对性地指导学生，引导高职大学生更好的处理人际关系中的问题，不断提高高职大学生自身修养，而这就需要专业化的教师队

伍。通过专业教育和培训培养，系统地学习思想政治教育学、社会学、法律学和心理学等专业知识，打造一支专业素质过硬的辅导员队伍，才能更好地培养合格的接班人。

（二）加强校园文化建设

校园文化是一所大学的特色和魅力的体现，深入在大学的各个角落；校园文化是一所大学灵魂，有很强的内在驱动力，可以激发大学生的潜力，帮助他们塑造良好的性格和品格，抵御不良的问题，引导大学生更加健康的发展。因此，要打造师生认同的主流校园文化，加强宣传教育，充分发挥校刊校报、学校宣传栏的作用，树立正确的价值观，使学生耳濡目染，受到正确的引导。可以以丰富的校园活动为载体，通过篮球赛、拔河和足球赛等集体活动增强学生的集体荣誉感和凝聚力，使学生更好地融入集体，加强相互之间的沟通了解；通过演讲比赛等活动锻炼学生的表达能力；加强主题班会教育，引导学生树立正确的价值观，通过班会中的小活动和小游戏加强同学之间的交流。丰富的活动还可以避免学生沉迷虚拟网络之中，培养良好的生活方式。

宿舍文化建设。宿舍是学生第二个家，是学生共同生活的地方。我们要充分认识和重视宿舍文化建设的必要性，通过宿舍设置的宣传标语和宣传栏，引导学生学习正确的价值观念，加强理想信念。通过文明宿舍的评比活动，提高学生的重视度，同时提高学生的集体荣誉感，让一个宿舍的同学为了一个共同的目标而努力。通过宿舍装扮活动，让学生亲手布置和打造第二个家，在动手布置的时候不自觉地培养学生的沟通交流能力和动手能力，使学生之间的关系进一步加强。

（三）加强家校沟通，优化育人环境

当代高职大学生基本上都是"00后"的独生子女，家里的父母在生活方面更关注学生，导致学生的沟通能力和自理能力较差，也容易以自我为中心，常从自己角度分析和处理问题。学生的成长环境直接影响了其处理人际关系的能力和方式，老师应该关注学生的家庭环境，当学生出现问题时候，通过各种方式和学生家人保持沟通，更好地分析和判断问题所在。家人和老师的目标是一致的，都是想让学生更好地成长成才。培养高职大学生良好的人际交往能力需要家长和老师的共同努力。

（四）完善心理辅导和咨询体系

面对有人际交往困扰的学生，可以通过个别辅导和团体辅导相结合的方式进

行干预和引导。通过个别辅导来帮助学生分析困扰产生的内源性和外源性因素，有针对性地给出合理建议，提出具有可操作性的具体解决方案；通过团体辅导为学生提供交往的环境和机会，在模拟的社交情景中，学生尝试各种交往方法来达到沟通交流的目的，从而提高人际交往能力。同时还可以通过开展相关心理卫生讲座、社交专题讲座等方式帮助学生正确认识自我、科学看待心理困惑，帮助学生掌握一定的人际交往技能。

（五）丰富人际交往平台

课外活动是高职大学生丰富课余生活、提高社交能力、促进身心健康的重要途径。学校在充分考虑自身条件的情况下，可以开展丰富多彩的校园文化活动和社会实践活动，吸引更多的大学生主动参与到活动中，增加人际交往的机会、丰富交往平台和途径，通过实践来增强人际交往能力。同时因人际交往问题而产生心理困扰的学生也可以在实践活动中转移注意力，得到心灵上的释放。

第三节　高职大学生人际交往的技巧

人际交往的技巧，是指在一定知识和经济基础上形成的交往技能，掌握好这个技巧，能够有效地处理人际交往中的问题，从而搞好人际关系。人际交往的技巧有着丰富的内涵和科学性，高职大学生必须学会和掌握好人际交往的技巧，以适应自己的成长和发展。当然，人际交往技巧并不是一朝一夕就可以学成的，需要付出一定的时间和精力，认真学习。以下是高职大学生应当尽量掌握的几种人际交往技巧。

一、谈话的技巧

在人际交往中，交谈对话是最普遍、最经常、最不可少的交往形式。要想改善人际关系，不仅要注意交谈的内容，而且要注意交谈的方式方法。在人与人的现实交往中，交谈的方式往往发挥着非常重要的作用。

大学生在与别人谈话时，必须始终明确双方同时兼有叙述者和聆听者的双重角色，意识到双向性，既要意识到自己的责任不仅是把自己的思想表达清楚，还应考虑如何谈才能使对方产生兴趣，易于理解，并根据对方的各种反馈信息来调整自己的谈话内容。因此，交往中谈话的技巧相当重要，它直接影响着交谈的效率，影响着良好人际关系的建立。总而言之，大学生在与他人进行交往时，应当掌握一些必要的谈话技巧。例如不随便打断对方的谈话或抢接对方的话头；不口若悬河，只顾自己一个劲地讲，而应时刻注意对方的反应；注意力要集中，不应迫使对方再次重复说过的内容；不要随便解释某种现象，妄下断语，充作内行；等等。

二、倾听的技巧

第一，耐心倾听。倾听时，耐心非常重要。不要表现出不耐烦的神色；要精神集中、表情专注，不东张西望、心不在焉；不要做出一些不礼貌的动作。

第二，虚心倾听。即使对方说错了，也不要得理不饶人和进行不必要的争辩，这样会打乱亲切和谐的交往气氛。

第三，会心倾听。听人谈话，不只是在被动地接受，倾听者还应该主动反馈，反馈时要做出会心的呼应。所谓会心，就是领会诉说者没有清晰表示的意思。在交谈时，要注意与对方经常交流目光，要时而赞许性地点头，时而用"哦""是这样的"等言辞来表示你在注意听，以鼓励对方继续讲下去。

三、善用赞扬和批评

真心真意、适时适度的赞扬是激励对方进步的动力，能够增进交往双方彼此的吸引力。人都喜欢听好话，听到别人表扬或赞美自己，心里总是非常舒服、高兴的。因此，在人际交往中经常赞扬对方，有助于缩短双方的心理距离，建立良好的关系。与赞扬相对的是批评，有时候不得不作出一些批评，那么也要注意批评的方式方法，不让批评阻碍良好关系的建立。通常而言，在人际交往中应多作赞扬，少用批评。

（一）学会表达赞美

①要不失时机地赞美对方，也就是说，赞美要遵循适时、适度原则。

②赞美要真诚、要明确具体，含糊其辞和评价性的赞扬可能会产生误解、混乱、窘迫，甚至使关系恶化。

③学会从对方身上发现你喜欢的行为。针对这些令你高兴、对你有帮助的日常行为来赞扬对方。这会让人相信你的赞美是真心诚意的，从而有一种自豪的感觉，能感受到鼓励。

④让对方知道他的行为使你愉快，可以用非语言信息、语言或行动等来表示你对所喜欢行为的赞赏。

（二）学会表达批评

①尽量不要当着他人的面批评，否则会使对方下不了台，从而对你产生反感，使双方关系恶化。

②先扬后抑。在进行批评之前，应说一些亲切和赞赏的话，即用委婉的方式来表达批评。

③就事论事。讲重点事情，不要把一些不相干的琐事都揪出来；批评的是对方的行为而不是人格。

④用协商式的口吻而不是命令的语气批评别人，同时也要告诉对方自己的感受，而不是简单地指责别人做错事情了。

四、养成微笑的习惯

在人际交往活动中，微笑既表现了自信、包容等良好的心态，也传达了"我喜欢你""见到你，我很高兴"等意思。

在人际交往中，一个容貌姣好和体态匀称的人确实比不具备这些条件的人更容易吸引人的注意，但是，外貌因素并不是具有良好人际关系的必要条件。一张没有微笑、冷冰冰的脸，即使再美丽，也难以受到众人的欢迎。

因此，养成微笑的习惯，以微笑来传达自己的真诚，能使原本平淡的脸变得魅力四射，能够促进与他人的情感沟通，有助于保持良好的人际关系。高职大学生在与同学的交往中，如果经常用真诚的微笑来面对人，必能给人留下美好而深刻的印象。所以说，高职大学生要勇于培养自己的微笑习惯，从而提高自己的交际能力，建立良好的人际关系。

五、讲究互利互让

人际交往有互利原则。遵循这一原则能够让交往双方在互相关心、互相爱护、互相帮助、互相理解、互相尊重中建立良好的人际关系。因此，要讲究互利互让。常见的互利互让方法有以下几种。

（一）合作法

合作法能使合作双方都得到利益和实惠。在人际关系处理中，只有做到交往双方相互理解、协调、同步、互补，才能形成相互之间的稳定性、协调性和有序性。

（二）交换法

所谓交换法，是指交往双方通过互通有无的交换，获得利益或好处。高职大学生互相交流心得体会、交换各自的信息，使双方都得益，这样便能很快提升彼此之间的关系。

（三）积极竞争法

适度的竞争能够给竞争者带来一定的压力或危机感，从而促使竞争者不断的努力进取，以获得进步。高职大学生相互之间通过积极的竞争，不仅能够促进各自学习的进步，形成你追我赶的竞赛气氛，树立优良的学风，还能够使竞争双方在互利中稳固彼此之间的关系。

第四节　良好的人际关系构建对高职大学生的影响

一、高职大学生人际关系的重要性

人际关系，从社会心理学基础来看，其产生是由于人们的需要。根据马斯洛需求层次理论，个体成长发展的内在力量是动机，而动机则是由多种不同性质的需要所组成，因此无论是生存需要、尊重需要，还是自我成就需要，都需要人际关系的媒介作用。从人际关系的报酬方面来看，我们更倾向于那些有趣的、能够使我们获得帮助、强有力的或接受我们的人形成人际关系。无论是人生进展到哪个阶段都需要依靠人际关系来实现，可见人际关系在社会活动中的必要性。人际关系问题在社会心理学中也是亟待解决的热点问题，因此，对于高职大学生人际关系的问题探究也有很大的价值和意义。

实践的社会性告诉我们，在校高职大学生作为一个单独的个体在参与社会活动的过程中不可能存在一个人孤立的活动。无论是小到一个班级、社团，大到一个组织、校园的活动，又或者是为了资源共享、利益交换等社会行为，都无一离开人际关系的调和作用。马克思主义强调人的本质在其现实性上是各种社会关系的总和，可见人际关系的重要性。因此高职大学生应该充分利用在校期间参与活动的机会，形成良好的人际关系网络，提高自身的人际交往技能，从而为高职大学生走向社会做好必要的心理和行动准备。

二、良好的人际关系对高职大学生的影响

（一）有利于正确"三观"的确立

整个世界归根结底是一个与人交往的世界，良好融洽的人际关系在一定程度上潜移默化地影响着高职大学生正确"三观"的养成。与同学四年的相处中，每个人都会在大大小小的摩擦中总结经验并形成符合自己个性的、能与他人融洽相处的交往模式。同时，在这个与他人交往的过程中也能逐渐树立起符合社会主流要求的世界观、人生观和价值观。

（二）有利于健康心理的培养

显而易见，和谐的人际关系是心理健康强有力的保障，是高职大学生心理健康状况的晴雨表，时刻督促人们遇事不可情绪化，应根据实际情况理性分析问题、妥善处理冲突。而人际危机往往伴随着心理问题的产生，二者在很大程度上存在着相互影响的关系。和谐的人际关系好比汽车道上的减速带，冲突发生时舍友的帮助能开阔人的思维，起到缓解矛盾的作用，有利于高职大学生健康心理的培养。

（三）有利于个体之间思想观念的交换

大学中的每一个人都是独立的个体，都有着不同的思维方式和思维角度，对待同一件事情所产生的看法也会存在较大的差异。而寝室则为他们的思想观念的交换提供了一个良好的平台。思维的相互碰撞，会使自己的思维领域变得更加开阔，看待事情的角度也会发生改变。如对于同一本书的内容，每个寝室成员在阅读后的感受是不同的，通过与其他成员的相互分享和探讨，可以让学生对书本内容形成更全面、深刻的理解。可见，和谐的人际关系对学生思维能力的发展能起到积极作用。

（四）有助于良好个性的塑造

当代高职大学生都有较强的个性，同时也具有一定的可塑性。寝室成员在语言、情感和行动等方面互相交流、影响，不知不觉中会学习到其他成员更为成熟的为人处世的态度和方法，并逐渐形成良好的个性品质，如诚信、坚强、勇敢等，这对于高职大学生自我个性的完善是非常有利的。和谐的寝室人际关系，会让寝室成为高职大学生面对困境时的坚强后盾，在一定程度上能坚定高职大学生战胜困难的决心，进而帮助他们形成积极乐观、勇敢果断的个性。

第六章　情绪管理与情商培养

　　本章针对情绪管理与情商培养展开论述，围绕五个方面进行阐释，依次为情绪的概述、高职大学生常见的不良情绪及成因、高职大学生情绪管理的途径及对策、情商的概述、高职大学生情商的培养与提升途径。

第一节　情绪的概述

一、情绪的内涵

（一）情绪的概念

　　情绪是一种心理和生理状态，由多种感觉、思想、行为综合产生，是对一系列主观认识经验的统称。关于情绪的定义很多，但一般都涉及以身体变化为外在表现的情绪的表达形式、有意识地体验、主观上对外界事物的评价。美国著名的发展心理学家埃里克森提出心理发展的八个阶段，大部分高职大学生处于第五阶段——自我同一性和角色混乱的冲突时期，也就是青春期。该阶段逐渐形成自我意识、明确自我角色、建立自我同一性。在这个心理发展的断乳期，加上社会的快速发展转型，五年制高职大学生很容易出现心理失衡，导致出现各种情绪问题。任何一种情绪都有两面性，积极的情绪能够促进学生健康成长和发展，而不良的情绪则会影响学生的社会化过程，阻碍其健康发展。

　　情绪的本质是自我的追求，也是自我的认知及喜好，是围绕自我产生的一种信念。我们可以通过将情绪客观化来认识情绪。如没有安全感或希望得到更多安全感时，就会产生情绪；不自信、自卑、渴望被认可时，也会产生情绪。所有的情绪都是以自我为中心的，它不是超越人、控制人的东西，而是为了帮助我们达到理想结果而产生的思想。高职大学生因情绪失控酿成大错的事件屡见不鲜，因此，引导高职大学生调控情绪至关重要，有利于进一步提升当代高职大学生的综合素质和精神境界，有利于当代高职大学生身心的健康成长，也有利于为社会培养栋梁之材。

（二）情绪的功能

如果人没有情绪，那么人在远离悲伤的同时也失去了快乐。如果是你，你愿意失去情绪吗？显然失去情绪，不是个好选择。适当的情绪不仅使人们的生活有"滋味"，还能帮助人们更好的生活。

首先，情绪可以激励人向一个重要的目标前进，足球赛场上，球迷们的激情呐喊，一定程度上振奋着球员，使他们向着胜利前进。失败时的沮丧使人发愤图强，而成功时的喜悦又让人再接再厉。

其次，情绪在社交活动中发挥着广泛的作用，看见某人暴怒，人们想后退，看见某人微笑或"示意"的眼神时，人们想靠近。试想一下，如果一个人无法理解他人愤怒的情绪，或者引起他人愤怒而不自知，那么这个人就失去了完整的社会能力。

二、情绪管理的内涵

情绪管理是当人们出现情绪问题时，能够自己处理好心理状态，用正确的、科学有效的方法对自身和他人的情绪进行调节的过程。在这里我们把高职大学生情绪管理定义为合理运用好思想政治教育方法，使高职大学生学会调节自己的情绪，对不利事件产生的消极情绪进行调整，使自己保持积极乐观的心理状态的过程。简而言之，就是调适消极败坏的情绪，保持积极乐观向上的心态。情绪管理能力是高职大学生在学习生活中，对自身消极情绪进行有效调节、使自身处于良好情绪状态的一种能力。思想政治教育分为课堂的理论教育和针对性教育，二者结合起来是更为有效的教育。思想政治教育视角中大学生的情绪管理能力，就是大学生出现消极情绪时，能够保持积极乐观的心态将其转化为正面影响，从而应用到社会实践中。大学生情绪管理中的思想政治教育，就是教师进行积极有效的引导，让大学生实现正面的情绪管理，帮助大学生思想成熟，为其学习和生活营造一个健康的氛围，使其树立合适的理想目标，为自己的前途做充足准备。

三、情绪管理能力培养的重要性

（一）促进高职大学生良好的身心健康发展

高职大学生的情绪管理和身心健康有着密切关系，积极健康的情绪对高职大学生身心健康有益，而消极情绪会影响高职大学生的身心健康。当出现情绪问题时，高职大学生应该学会面对自己的情绪，调节情绪，学会反思自己，找到原因，勇敢面对真实的自己。在对自己情绪问题反思之后，调整好心态，这有益于高职大学生的身心健康发展。

（二）有助于提高高职大学生应对社会的能力

高职大学生掌握情绪管理技巧，有利于提高应对社会的能力和情绪智力。健全的人格在面对挫折时，能够正确地分析，找到事情发生的原因，调整自己的不良情绪，保持积极向上的心理状态，使自身的综合素质得到提高。高职大学生将来步入社会会面对复杂多样的事情，在学校学习运用思想政治教育方法调节情绪管理的能力会帮助他们冷静地面对问题，平静地分析事情发生的原因，最终找到解决事情的方法。在这个动态的过程中，帮助学生提高了情绪管理能力，使其对应对社会有丰富的经验。

四、高职大学生情绪管理融入思想政治教育的探究

（一）将情绪管理引入思想政治教育的必要性

高职大学生正处于由校园逐渐过渡到社会的转型关键期，具有独特的思想感情、行为方式和生活观念，好奇心旺盛、自我意识不成熟、缺乏社会经验，适度的情绪管控成为实现个体自我和谐及个体与他人之间人际关系融洽的重要手段和途径。当高职大学生前进遇到内部阻力或情绪障碍时，能进行自我调节而不会长久陷入失落情绪中，情绪在自我可控范围内时就很难从精神状态上左右和影响其重要决策和行为。引导高职大学生控制情绪，培养高职大学生积极健康的情绪是现今社会亟待解决的重要课题。高职院校思想政治教育是高职院校教育工作者应关注的问题，是高职院校思想文化育人的重要阵地，其对高职大学生能否合理管控情绪的影响不容忽视，对高职大学生塑造崇高的理想信念、健全积极的心理素质发挥着重要作用。面对新形势下的新挑战，高职院校思想政治教育与情绪管理必须加强协调、形成合力。目前，高职大学生思想行为已呈现新趋势，传统高职

大学生思想政治教育管理工作面临新局面和新挑战。只有加强高职院校思政工作者团队的专业化建设，确保科学合理的课程配置及思政元素的有效穿插，将思想政治教育和情绪管理有机结合，通过更富创造性和革新意识的传递方式，才能从根本上引导学生拥有积极向上的健康情绪，使其稳定从容地应对各种未知压力。

（二）开展情绪管理教育的方法

1. 优化师生关系，注重情感培养

思政教育工作中亲和力与渗透力的融合影响着情绪管理教育的活力和成败，而注重人文关怀已成为改善高职院校当前思政工作疲软状态的关键，这是一种不同于传统思政工作的方法。教育过程实际上是师生感情相互影响、相互交流的过程，良好的师生感情在学生学习和生活中起到了重要的推动作用。辅导员在高职大学生思想政治教育和日常管理工作中占据举足轻重的地位，要注重学生客观存在的个体差异性，尊重学生主体价值；注重通过校园活动的多样性和多元化吸引和感染学生，使学生成为校园活动的积极参与者；学生在日常生活中会产生各种摩擦而导致心情郁闷，这时就需要辅导员从中调和，用心理解学生特有的心理因素和消极情绪的发泄，选择合适的词语和语气与其沟通，引导学生改变对事物的思考和理解方式。思政工作者特别是辅导员应动态把握高职大学生的心理健康状况，从思政角度引导高职大学生完善自我意识、消除心理障碍、建立良好的人际关系、培养自我控制能力和乐观的社会心态，显著提高学生的心理健康水平，确立健康文明的生活方式。只有这样，才能从根本上解决学生对思政教育工作心理不相容的问题，实现感情上的交流和共鸣，以保证思政教育工作对情绪管理教育的积极影响。

2. 引导学生自我调节负面情绪

个体对客观事物是否满足自身需要、是否超出其预期的认知评价是决定情绪的关键因素。对客观事物的不同认知和评价会产生不同情绪。教师要培养学生的共情能力，引导学生透过现象看本质，将自己置于他人的立场分析问题，从旁观者的角度出发检验自己的决定正确与否，避免以自我为中心，多体会别人的感受，建立与他人沟通的桥梁，而不是自怨自艾。学生要注重掌握具体的情绪管理策略，如调整作息时间，适时进行体育锻炼，促进良好情绪的形成；通过对他人无害的方式，如欣赏音乐、找人倾诉、咨询心理辅导定期宣泄消极情绪；学会微笑，学会倾听，学会与他人沟通交流，对他人敞开心扉，尽自己最大的努力了解和理解新事物；将注意力转移到健康有益的事情上，避免重复性的自我困扰；强化积极情绪，自我调整、自我鼓励，迎接每一次挑战。

3.将思想政治教育与情绪管理有机结合

课堂情绪管理既是课堂教学活动的重要组成部分，又是实现个体自我和谐及个体与他人人际和谐的手段与途径。提高思政课教师的整体专业素养，打造一支有特色、有能力的思政课教师团队，对将思想政治教育与情绪管理有机结合尤为重要。教师要充分发挥情绪管理的思想教育功能，利用课堂主阵地，营造充满磁性、寓教于乐的课堂环境，引导学生积极学习，使学生在科学合理的课程安排和脱离教条主义、内容丰富有趣的讲授环境中体验不断更新、涵盖面广、生动活泼的课堂氛围。

4.重视校园文化建设，满足学生合理需求

充分利用高职院校隐性的和潜在的德育资源是改进和提高高职大学生思想政治教育的有效途径。高职院校校园文化是学校主流文化的重要表现形式，是弥漫在校园活动与高职大学生精神生活中的文化氛围、价值取向和生活方式，能发挥陶冶情操、磨炼意志的关键作用。高职院校不仅要从外观上美化校园，而且要建设崭新的校园文化，满足高职大学生的合理需求，以高职大学生喜闻乐见的方式开展如寝室文化节、双歌赛、形象展示大赛、爱国主义演讲比赛等各项活动，丰富和充实学生的课余生活，在融入思想政治教育的同时坚持先进文化的前进方向，把握开放性和时代性特征，让学生获得正向社会引领价值，保持积极向上的生活状态。

第二节　高职大学生常见的不良情绪及成因

一、高职大学生常见的不良情绪

高职大学生的身体和心理都处于成长的高峰期，情绪、情感特别丰富。在这特定的年龄阶段，他们容易受情绪感染，并具有强烈的冲动性、爆发性等特点。因此能否有效管理情绪，对高职大学生的学习、生活、人际交往及身心发展都具有重要意义。

高职大学生的情绪问题，一般是指高职大学生的消极情绪，即因生活事件引起的悲伤、痛苦等长时间持续不能消除的状态。情绪问题一方面导致高职大学生大脑神经活动功能紊乱，使情绪中枢部位的控制减弱，使其认识范围缩小，自制

力、学习效率降低，不能正确评价自我，甚至会产生某些失去理智的行为，造成心理障碍和心理疾病；另一方面，情绪问题又会降低高职大学生的免疫功能，导致其正常生理平衡失调，引起心血管、消化、泌尿、呼吸、内分泌等系统的各种疾病。常见的大学生情绪问题主要有以下几种。

（一）焦虑

焦虑是高职大学生最常见的情绪状态之一，当高职大学生在学习、生活、恋爱、工作等方面遭遇挫折之后，往往容易产生焦虑情绪。高职大学生常见的焦虑情绪有自我形象焦虑、学习焦虑与情感焦虑。耶克斯－多德森定律指出，动机强度与工作效率的关系呈现一种倒 U 形曲线关系，中等强度的动机最有利于任务的完成。同样的，焦虑对高职大学生的影响也具有两面性，适度的焦虑可以起到帮助高职大学生集中注意力、提高工作效率的积极作用；但过度的焦虑情绪往往会给高职大学生带来不良的影响，如内心极度紧张不安、心神不定、思维混乱、注意力不能集中、记忆力下降，甚至产生头痛、失眠、食欲缺乏等不良生理反应。

（二）抑郁

抑郁是感到无力应付外界压力而产生的一种心理失调的现象。经常处于抑郁情绪状态的高职大学生常有以下表现：在学习上，精力不集中，情绪低落，反应迟钝；有较强的自尊心和成功的愿望，但心理素质和抗击打能力差，常常因过度担心失败而痛苦，甚至还会出现食欲缺乏、失眠、胸闷、头昏等症状，严重的还会有自杀倾向。

（三）嫉妒

嫉妒是自尊心极强的一种异常化表现，在高职大学生群体中比较普遍。它具体表现为当看到他人学识能力、品行、荣誉甚至穿着打扮超过自己时内心产生的不平、痛苦、愤怒等感觉。长期处于不良的嫉妒情绪中会产生压抑感，容易引起忧愁、消沉、怀疑、痛苦、自卑等消极情绪，会严重损害身心健康，影响高职大学生自我发展，大大降低学习的效率，给其造成不良的人际关系氛围。

（四）冷漠

冷漠是指人对外界刺激缺乏相应的情感反应，对生活中的悲欢离合无动于衷。具体表现为凡事漠不关心、冷淡、退让的消极情绪体验。这种冷漠的情绪状态，多是压抑内心情感情绪的一种消极逃避反应。具有这种情绪的人从表面上看虽表现为平静、冷漠，但其内心却往往有强烈的痛苦、孤寂和压抑感。如果高职大学生长时间处于这种情绪状态下，其巨大的心理能量无法释放，当超过了一定限度时，就会以排山倒海的形式爆发出来，致使心理平衡遭到破坏，影响身心健康。

二、不良情绪的成因

（一）个人情绪管理的失控

情绪管理的主要问题是对情绪失控的管理。情绪失控是指我们尽了全力却还是无法改变，无法调节自己的情绪，结果做出一些让自己后悔的行为。如果不及时管理情绪问题，就会给身心健康会造成持久而严重的损害。高职大学生的情绪问题较多，如适应问题、人际关系、考试焦虑及情绪莫名其妙低落或抑郁等。适应问题是指高职大学生出现的焦虑、烦躁、抑郁、痛苦、悲观等情绪。情绪困扰比较轻的大学生，与父母联系之后会好很多，或者在老师和同事的开导下，其情绪会慢慢缓解下来；而情绪困扰比较严重的高职大学生则出现无法正常睡觉、食欲降低，甚至不想去上班，想辞职等症状，其痛苦症状与学习事宜不成比例，有明显的焦虑和抑郁心境。针对后面这类学生，我们要引起重视，求助于精神科医生给出正确的诊断，并给予药物和心理咨询相结合的治疗方法。人际关系问题带来的情绪困扰在高职大学生中也是很普遍的现象。高职院校新生进入一个新环境，有害怕情绪是正常的，但是一般会在较短的时间内缓解，但也有的学生会持续比较长的时间。比如宿舍生活不愉快，互相不能体谅。人际关系问题在非新生中也是很重要的，直接影响着学生的生活质量，如恋爱关系。另外，考试焦虑也是高职大学生情绪管理中的一个很重要的问题，有的学生把学习成绩看得过于重要而出现情绪问题，其严重的后果是导致无法考试。还有一类学生，总是感到无聊，导致在学校里不能正常学习和生活。这些情绪问题不正确处理，可能会造成高职大学生无法正常学习，学习效率低，甚至导致退学，生活一团糟等。因此，高职大学生学会管理自己的情绪、学会管理情绪的技巧是很重要的。

（二）各种因素造成情绪问题

一个敏感的、易冲动的高职大学生，不能正确评估事件的有效性。与人相处时表现得时而悲伤、时而孤独、时而空虚、时而大喜、时而大怒等情绪问题的成因有许多，（玛莎·林内翰）M.Marsha M.Linehan 提出了生物社会理论模型理论，认为遗传和成长环境在人的成长过程中起着很重要的作用。

1.个体生物因素

生物因素包括性别、年龄、族群、基因、人口信息等与遗传有关的因素，是无法改变的，来自父母的基因带来的特点，包括处理情绪的能力和自我管理的能力。人的大脑分为三个区域：脑干、边缘系统和大脑皮层。脑干控制呼吸、消化、心率等；边缘系统包括控制情绪的杏仁核；大脑皮层有与记忆和情绪敏感度有关的海马体。杏仁核是情绪的心脏，负责产生情绪和管理情绪。大脑中与杏仁核连接的认知部分，仅在 0.012 秒内便可以产生这些情绪。大脑内神经元的突触可以捕捉叫作神经递质的化学信息，将信息在神经元之间传播。科学家能够识别大概 50 种神经递质，如多巴胺，一些研究结果提示，伴有多巴胺 D4 受体基因某种类型的人其多巴胺活性较低，可能存在某些与冲动相关的人格特质。多巴胺是脑内与心境、愉悦的体验、机体运动调节相关的化学物质，与情绪的调节有关。这些生理因素让情绪调节变得更为困难。许多高职大学生的情绪敏感度不仅高，而且很强烈，还具有高反应性，阻碍了其学习和运用情绪管理策略，使得大学生的情绪比一般的人更强烈，更难去管理和调节。因此，缺乏情绪管理技巧，他们不知道如何管理自己的情绪，做出相应的行动。

2.社会环境因素

环境因素是个体外部的因素，包括正在经历的负面生活事件及能否获得的外部资源。除了基因、大脑和人格因素外，高职大学生成长环境中的不良生活事件对其情绪也有重要影响。尤其是一些生理上情绪激惹的人，对一些怠慢、批评、惩罚尤为敏感，感受强烈，而这些怠慢、批评、惩罚，大多数孩子都可以忍受。如果某个孩子不听管教，这些批评、惩罚可能会很频繁，而且会造成家庭关系紧张，而孩子成年后，回忆中的这些经历可能就成了虐待。童年期的创伤事件、父母的情感忽视和溺爱，是常见的环境因素。在童年期被虐待、忽视和在成长期没有得到足够支持的情感经历，是情绪失控的主要原因。在成长的过程中，由于父母的忽视或过度溺爱，很多学生没有意识到可以学习一些情绪管理技能，而是通过打架斗殴甚至自残来获得他们所需要的东西，唤起家人或者其他重要的人的关注。如果每次生气时父母或者重要的人不提出反对意见，那么他们想要学习情绪调节就会变得非常困难，甚至会增加爆发怒气的频率。当情绪超过负荷时，情绪管理会变得非常困难，理智心没有机会缓和情绪心，也找不到智慧心，导致出现一些破坏性的冲动行为。此外，学校心理健康教育缺乏是环境因素之一，也是导致高职大学生情绪无法调节的另一个重要原因。学校主张的是应试教育，重视对学生学习技能的培养，而忽视了情绪、心理方面的问题。还有，社会多元文化也对高职大学生的情绪有一定的影响，导致其心态浮躁。这种浮躁的状态深深地影响着高职大学生的生活，如多元文化中包含的奢侈品消费、享乐主义、攀比之风都深深冲击着高职大学生的心理。这对高职大学生的情绪也带来了很大的影响。

第三节　高职大学生情绪管理的途径及对策

一、影响高职大学生情绪的背景因素

（一）高职大学生的家庭环境

现阶段的高职大学生是"00后"，大多数是独生子女，在家备受宠爱，父母对他们过分呵护，予取予求，使部分"00后"养成了以自我为中心的习惯，有的甚至不懂得体谅他人，养成冷漠自私的性格。父母的百依百顺一方面不利于高职大学生的抗挫折能力的培养；另一方面，父母的过分溺爱不利于高职大学生情绪管理能力的培养，学生在生活中很容易有这样的想法：事情没有按我想得来，糟透了！进而容易情绪化。

（二）高职大学生的学校环境

高职大学生在家里享受父母长辈的迁就与包容，每个人都是家里的宝贝，来到学校，一些高职大学生不能适应从家庭环境到学校环境的改变，自我意识过强，无集体责任感和荣誉感，与同学之间闹矛盾。笔者在班主任工作中就遇到班上同学闹矛盾的情况，笔者通过找个别同学单独谈心、在晨会课和班会课上耐心引导，以形成友爱、凝聚力强的班集体的想法，使同学们融洽相处。

（三）高职大学生的社会环境

高职大学生处在一个信息爆炸的时代——大数据时代，一方面，高职大学生淹没在海量的信息里，每天有刷不完的趣闻、段子、照片、小视频等。过多有趣而又碎片化的信息吸引着他们的眼球，繁多的信息使人浮躁，不少高职大学生静不下心来看一篇一千字以上的议论文、看不完一个八分钟以上的科普视频；朋友间的聚会也是寥寥数语，接下来就是各自看手机，越来越多的高职大学生只能接收三四行的简短的文字、三四分钟的短视频，朋友间交心和家人间沟通在减少，情绪上的浮躁和精神上的空虚在增多。另一方面，大数据便于企业和商家全面抓取每个人的信息，根据每个人的喜好精准推送相应的购物和娱乐信息，部分高职大学生沉迷于娱乐信息无法自拔，如小说、漫画、游戏等，有些高职大学生甚至把喜怒哀乐寄托在虚拟世界里。

二、高职大学生情绪管理的主要途径

（一）学生对自身情绪的觉察是管理情绪的基础

在情绪管理中，对情绪的觉察是很重要的，了解和辨识自己的情绪是管理情绪的第一步。情绪管理能力的高低会影响自伤等冲动行为发生的频率和严重程度，而一旦了解和辨识了自己的情绪，高职大学生会意识到用情绪交流的重要性，能减少不想要的情绪出现的频率，或者让不想要的情绪不出现，甚至当不想要的情绪出现的时候迅速改变它。在以往的经验中，许多高职大学生认为情绪表达是一个无效的经历，是不被认可的，更不知道识别自己情绪的重要性。此外，有些人时时刻刻都清楚自己正在感受的情绪，而其他人大多时候都毫无头绪。特别是有些高职大学生很容易掩盖或者控制自己的情绪，因为他们觉得把情绪进行掩藏是具有保护意义的。他们不能从自己父母的养育过程中得到对自己情绪的认可或肯定，所以他们觉得把自己的情绪掩藏起来是一个保护性的做法。但是，如果高职大学生总是掩盖自己的情绪，别人会很难知道他的情绪是什么。当他恐惧、悲伤的时候，别人就无法对他提供帮助了。然而，通过学习情绪调节技巧，高职大学生就能够有意识地提升自己对情绪的觉察和控制，有效管理情绪。

1.情绪的觉察是通过观察来获得的

观察是指用所有的感官来吸取周围的信息，而不是用语言去标注这些体验。很多时候大学生可能感觉不到自己在观察周围的世界，因为他们通常习惯性地给自己的体验贴上标签，然后用语言描述。观察是通过悟性或心灵来感受当下，是可以掌握的技巧。练习观察技巧时，高职大学生可以观察世间万物，或听声音、或闻周遭的气味、或品尝食物，或者感受想观察某件事的冲动等。如观察站立时脚的感觉，脚跟鞋子接触的感觉。其实，学生也可以随便挑选一个东西来观察，比如观察花、草等。有的高职大学生可能对颜色比较敏感，那么可以挑选房间里的颜色来观察，如红色。这个观察的过程并不是很容易的，甚至是很困难的。当然，如果你认为某一种方式是困难的，那么你可以不断尝试，最终选一个自己喜欢的且比较容易的方式做长久的观察。学会观察以后，大学生可以描述这些观察的结果并贴上非评判的标签。这就好像你是外星人，需要对地球上的人或事进行讨论。

描述的过程中，比较困难的情况是描述一个令自己讨厌的人或事。另外要注意的是，在这个观察和描述的过程中，我们要尽量参与其中。有的高职大学生习惯一边学习一边听音乐，而参与的意思就是停止听音乐，专心工作。

特别值得一提的是，高职大学生练习观察的关键是看是否有文字进入脑海。如果有的话，我们再把自己的感受带到感官上来，并且把它描述出来，标注你的体验或感受。描述的时候，高职大学生可能会改变自己的感受，不同的描述可能还会带来不同的情绪体验。很多高职大学生时时刻刻都在给自己的生活贴标签，但更重要的是要对标签和语言保持觉察：意识到自己给生活贴了什么样的标签？这些标签和语言对他们的生活又产生什么样的影响？当我们将感受用语言和文字描述出来后，全身心投入是一种不错的体验，是一种参与的过程，也是一种愉悦的过程。而在参与之前，高职大学生应熟悉要做的事情，这样才能更好地参与，才能得到更好的情绪体验。因此，觉察是一个很重要的情绪管理技巧，如果高职大学生连自己的情绪都无法觉察，那就无法做后续的事情，也根本就无法学习管理情绪的技巧。所以，这是很关键的一步。

2. 智慧心对情绪觉察的促进作用

智慧心是指找到自己内心与生俱有的智慧，能促进情绪的觉察和管理。在情绪管理中，如何让高职大学生找到自己的智慧心是很关键的一环。一旦高职大学生找到了自己的智慧心，他就会比较理智地处理自己的情绪，而不让自己的情绪失控。DBT 把心的状态分为三种：情绪心、理智心和智慧心。每个人的心的状态都会有所偏向。

理智心是指非常理性的、富有逻辑的和实事求是的，且借助于价值观来作决定；从社会研究来说是指科学研究一类的需要通过理性来处理的事务。一般情况下，当处于理智心状态时，高职大学生可能会取得好的学习成绩，是被认可和表扬的。这样高职大学生不容易感受到情绪，会受到事实、理性、逻辑和事务的控制，此时像是爱、罪恶感或哀伤之类的情绪，都与此无关。他们只是专心于学习，无视亲人、朋友和同事的存在，连点头、打招呼都没有。这样的学生可以说是处于理智心中，他们交朋友困难，更不能较好地维持人际关系，因为他不重视别人的情绪。

情绪心则是指处在和理智心相对立的，比较极端的状态，行为和方法是由情绪驱使的。处在情绪心中，事实逻辑对情感造成的影响很大。其情绪控制了想法和行为，没有理性来制衡，容易产生一些冲动行为。如有的高职大学生遇到事情缺乏理智制衡，让自己处于情绪心中，往往一点小事情就会导致情绪失控，从而产生冲动行为，如打人、撞墙、抓头发、自残等。

处于理智心或情绪心中的高职大学生，除了生物因素外，其成长因素也有很大影响。比如其父母，可能一个是经常处于情绪心中，一个是经常处于理智心中，使得他们非常困惑。在两个极端中找不到平衡，他们基本上是偏向于其中的一个，要么非常情绪化，要么非常理智。这时，智慧心就起着很大的作用了。它能促进高职大学生对自己情绪的觉察，并且在理智心和情绪心中找到一个平衡。一般情况下，处于愤怒时，他们觉得自己是最有理的，认为这个时候是自己的智慧心出现了。其实不然，智慧心是每个人心中的一部分，与直觉相似，没有矛盾冲突，在于整合各种知晓的方式，是需要多下功夫持续练习才能得来的。

智慧心可能是在危机或者巨大混乱之后马上出现的经验，可能是突然在和别人的冲突对立中得到的智慧，也可能是别人很有洞见的话语开启了我们的心门等。智慧心是情绪心和理智心的结合，是在充满情绪的时候能理智分析。然而，智慧心不是情绪心和理智心的简单相加，且找到智慧心也是不容易的事情。如何在情绪心和理智心中获得智慧心呢？或者说如何在情绪心和理智心的两个极端中获得一个整合，从而表达智慧心呢？首先学生要去觉察自己到底是处在情绪心中还是理智心中，处在情绪心中该怎么去做，处在理智心中又该怎么去做。这个时候，学生要允许自己处在情绪心中一会，处在理智心中一会，重点是要对这个过程有所觉察。觉察之后，学生要努力让自己的心情平静，让自己处于一个平静的状态。

（二）原生家庭帮助学生情绪管理的途径

1. 原生家庭的概念

原生家庭在社会学的概念是指儿女还未结婚，仍与父母生活在一起的家庭，是个体出生后，抚养其长大的家庭，它是个体获得情感经验的原始场所，在这个环境中个体可以得到最初的生理和心理层面的学习。因此，个体的自我效能、情绪管理、人际关系等都会不同程度受原生家庭的影响，这对个体心理健康的影响是十分深远的。

2. 情绪弹性

在物理学上，弹性最初是指物体在外力作用下发生形变，当外力撤销后能恢复原来的大小和形状的性质。从心理学角度来讲，情绪弹性是情绪变化的一种性质或特点，是个体情绪受到外界刺激，产生压力和面对逆境时能尽快从消极情绪中恢复的能力。情绪弹性与心理健康的关系十分紧密，如果情绪弹性较低，产生情感障碍和诱发精神疾病的可能性就较大，为情绪障碍和精神病的易发性埋下潜在的危险。高职大学生正式踏入社会前，其社会支持系统主要是家庭和学校，因此，原生家庭对高职学生的心理健康状态及情绪管理能力具有十分重要的影响。

3. 原生家庭对学生情绪管理的重要意义

原生家庭是个体情感经验学习的最初场所，家庭成员之间的情绪会相互影响，因此学生的情绪表现及心理问题也和家庭成员有着千丝万缕的联系。不良的成长环境与教育方式会直接影响学生价值观、人生观的形成，不利于学生养成良好的情绪弹性，甚至可能产生一系列的心理问题。愉快、气愤、悲伤、焦虑或失望等各种不同的内在感受在极端环境下容易被放大，假如负面情绪持续作用于个体，就会对个人产生大量负面影响，如身心影响、人际关系或日常生活等，轻则败坏情致，重则使个体和所处环境中的个体走向崩溃；而积极的情绪则会激发人的工作生活激情和潜力，同时给个体所处的团体带来新的活力。情绪不同程度地影响着人们的工作和生活，只有合理管理情绪，才更容易保持稳定，承担压力，建立和谐的人际关系。

4. 原生家庭帮助学生情绪管理的具体途径

突如其来的新冠疫情，给社会发展及人类生活带来巨大影响，也给学生的学习和生活带来了极大的变化，导致学校无法开学，学生无法返校上课，只能在家上网课。为了避免不必要的传染，尽量要求居家，减少外出。正值青春年少、活泼好动的学生们，生活的圈子突然缩小，更多的是待在家里和父母朝夕相处，或者父母已经外出务工，自己独自留在家中生活。这样突变的学习和生活状态，给学生的心理带来不小的冲击。生活习惯的差异、多子女的矛盾等在疫情防控期间集中爆发出来。有的学生一个人的时候，工作、学习、做家务全部按照自己的节奏来，日子自在开心，可是和父母一起吃完饭没有立刻收拾桌子就要被骂，情绪极度糟糕，自己的独处空间也越发被挤压。还有的学生家里，有兄弟姐妹，而父母偏心，同样的事情却是不同的标准，自己要上网课、写作业，还要包揽家务，其他兄弟姐妹却可以只管自己。探讨原生家庭对学生情绪弹性的影响，做好疫情防控期间高职大学生心理健康教育工作，通过不断提高情绪弹性以期预防情绪障碍和精神疾病发生可能性。

（1）不传递负面情绪

疫情防控期间家庭成员应主动积极地进行自我调适，不传递负面情绪。恐慌和紧张情绪有一定的"传染性"，如果不能调节好自己的负面情绪，很可能会相互感染，加剧不安和紧张的气氛。虽然居家隔离，减少外出，但仍需要与外界保持适当的沟通，主动关注各种积极信息，可以通过微信、短信、电话等方式与亲朋联络，互帮互助。如果遇到确实难以应对的消极情绪，建议及时向专业机构进行求助。

（2）多途径舒缓积压情绪

察觉到学生的不良情绪，家长要及时帮助其改善情绪，培养良好的心理状态。按照疫情防控需求，学生需要持续待在家里，减少外出活动，不能和同伴一起，他们的负面情绪也可能会持续累积和积压。这个时候，更需要亲人的包容理解和家庭的温暖。出现负面情绪及时进行疏导和缓解，可以引导学生调节情绪，也可以通过运动、音乐、阅读来帮助减压，保持积极心态。

（3）营造良好的家庭氛围

作为家长，给学生营造一个和谐的家庭环境，帮助其判断信息、直面关于疫情的相关问题，积极沟通，引导学生做好情绪管理，才能更好地度过这个特殊时期。

（4）留出足够的独处空间

随着与学生在家里共处的时间增多，亲子矛盾和冲突的增加，导致家庭关系紧张。这时候，家长可以给予学生相对独立的空间，尤其是对青春期的高职大学生来说，要尊重他们合理的自我需求，学会看到他们的优点和进步，给予包容、理解和信任，遇到问题多商量和鼓励，不要随意下结论和打击。遇到争吵，尽量保持冷静，等到双方情绪稳定后再理性沟通。针对父母外出务工而学生留守的家庭，家长一定要加强与孩子的定期沟通，互关、互爱。

（5）换位思考，积极沟通

我们应该认同并接纳有可能出现的矛盾，允许情绪的产生，尤其是负面情绪的产生，只有这样才可能做到不直接跟自己的情绪产生对抗，导致那些不必要的内耗。要尽量换位思考，不以自己主观思维随意评价和否定他人，学习用理性的方法解决出现的矛盾，而不是通过生闷气、激烈争吵等激化矛盾的处理方法来应对。

三、高职院校培养大学生情绪管理的主要对策

（一）培养高职大学生情绪自我管理策略的意义

美国心理学家马斯洛从人类动机的角度提出需求层次理论，该理论强调人的动机是由人的需求决定的。需求层次分为五个层级，分别是生理的需要、安全的需要、归属与爱的需要、尊重的需要和自我实现的需要。大多数高职大学生前两个需求层次得到了满足，高职大学生的需求主要在归属与爱的需要、尊重的需要

和自我实现的需要上，培养高职大学生的情绪自我管理能力有助于高职大学生获得这三个层次的需要。

1. 促进高职大学生身心健康的良好发展

高职大学生的情绪管理和身心健康有着密切关系，积极健康的情绪对高职大学生的身心健康有益，而消极情绪会影响高职大学生的身心健康。当出现情绪问题时，高职大学生应该学会面对自己的情绪、调节情绪，学会反思自己，找到原因，勇敢面对真实的自己。在对自己情绪问题进行反思之后，调整好心态，找到幸福，有益于高职大学生的身心健康发展。

2. 有助于提高高职大学生应对社会的能力

高职大学生掌握情绪管理技巧，有利于提高应对社会的能力和情绪智力。健全的人格在面对挫折时，能够正确地分析，找到事情发生的原因，调整自己的不良情绪，保持积极向上的心理状态，使自身的综合素质得到提高。高职大学生将来初入社会会面对复杂多样的事情，在学校学习运用思想政治教育的方法调节情绪管理的能力会帮助人们冷静面对问题，平静分析事情发生的原因，最终找到解决事情的方法。在这个动态的过程中，帮助学生提高了情绪管理能力，使其应对社会有了丰富经验。

3. 有助于高职大学生获得归属与爱的需要

在家里，高职大学生归属与爱的需要体现在对家庭的归属感上，一些高职大学生对于父母的叮嘱常常产生烦躁、不耐烦的情绪，甚至对父母不理不睬，逃避交流，如果高职大学生能够调整情绪，心平气和地和父母沟通，有助于建立互相理解的亲子关系和亲密的家庭氛围。在学校，高职大学生归属与爱的需要体现在对集体的归属感，高职大学生如果在班级里不合群或和同学之间产生矛盾，那么在得不到集体归属感的情况下甚至会产生厌学情绪，而良好的情绪自我管理能力有助于高职大学生在班级建立良好的人际关系，融入集体之中。

4. 有助于高职大学生获得尊重和自我实现的需要

随着社会的飞速发展，企业对人才的要求也越来越高，就业竞争激烈，高职大学生想要脱颖而出、实现自我价值、赢得他人的尊重和认可，不但要有过硬的专业知识，还要有良好的心理素质，要不畏不怯、不骄不躁、落落大方、谈吐自然。适当紧张、兴奋的情绪有助于高职大学生在求职过程中有更好的发挥，但过犹不及，此时良好的情绪自我管理能力就尤为重要。

总之，情绪影响着人们生活的方方面面，适当的情绪可以促进高职大学生向重要的目标前进，推动高职大学生在学习上、课外实践上和兼职或实习中做得更好；反之，过度或极端的情绪会给高职大学生的生活带来各种各样的负面影响。

（二）培养高职大学生情绪自我管理的具体策略

1. 营造思想政治教育家庭环境的情绪管理氛围

良好的家庭氛围对培养高职大学生优良的性格、提升学生的情绪智力水平有较大优势。营造思想政治教育家庭环境的情绪管理氛围可以从以下几个方面进行。

（1）家庭成员的和谐关系

在良好的家庭氛围里，大家的关系十分和谐，做事都是和和气气的，能够愉快地沟通交流，有利于身心健康。在这样的家庭环境下，学生的情绪管控能力在无形之中会得到提升。

（2）家长对学生情绪问题的关注

家庭成员在交流的过程中可以多多关注思想政治教育，在闲聊中也会影响高职大学生的情绪管理，使其在遇到问题时学会调整自己的心理状态，保持积极乐观的心理。在和谐的家庭环境中长大的孩子，从小耳濡目染，对待事情的态度总体来讲比较乐观，面对问题不退缩，勇于发现自己的问题，并积极面对，使问题得到解决。因此，家长要随时关注孩子的情绪变化，积极解决问题，并找到原因，为孩子提供帮助。

（3）家长学会管理情绪

家长的阅历相对丰富，自身的情绪管理能力强对学生有很大的积极影响。作为孩子的榜样，家长要教会孩子调适消极情绪，遇事往积极的方面想，多角度考虑问题，从而提升其情绪管理能力。

2. 思政课教师开展情绪体验的教育内容

思政课教师在实际教学过程中运用思想政治教育的方法，提高教学效果。教师应该积极主动关注高职大学生的情绪现状和变化，针对其遇到问题时产生的消极情绪和不良情绪，需要及时给予疏导。教师要学会化解学生的思想矛盾，引导学生调节自己的情绪。教育工作人员应该让学生充满激情，保持良好的情绪状态，努力实现奋斗目标。

（1）鼓励学生参加实践

增加高职大学生的社会实践频率，磨炼学生意志、拓宽学生眼界，鼓励他们放大自己的格局，对自己的前途有一个明确的规划。在参加社会实践活动的过程中，让他们学会发现自己的优点，在这个过程中欣赏他人，发扬自己的长处，弥补自己的不足之处。学校会不定期组织社会实践活动，教师可以采取一些激励措施鼓励学生踊跃参加，提升其综合素质，使其在活动中学习别人的长处，这对其自我情绪调控是有益处的。

（2）开展情绪体验课程

学校在开展情绪体验课的过程中，鼓励学生参与活动，使其切身感受实情实景，只有这样，学生才能真正接受情绪管理的教育内容。学校还可以开展情绪体验活动、情绪自我管理课程等，在课程中加入情绪管理的相关内容，让高职大学生在情绪体验的实景中，学习到情绪管理的方法，帮助其在面临消极情绪时有效调整自己的心理状态。思想政治教育工作者在教学过程中可以选取情绪教育的相关内容，对高职大学生进行思想政治教育。另外，选择教育的时机也尤为重要。当高职大学生情绪状态比较好的时候，对其进行情绪管理教育，会使其更容易接受。

3. 学生学会合理的自我认知，掌握情绪管理的方法

（1）学会合理的自我认知

高职大学生的情绪变化会受到各方面的影响，要找到变化的原因并根据变化作出调节。首先学生需要了解自身情绪产生的变化，再及时调整自己的情绪状态。在分析原因时，要学会使用合适的思维方式，认真分析情绪变化的原因。当我们发现有情绪问题产生时，需要先找到自身原因，再考虑致使情绪变化产生的其他因素，通过一系列方法分析找到真正的原因，采取合适的方法调节情绪。

学生个体对客观事物是否满足自身需要、是否超出其预期的认知评价是决定情绪的关键因素。对客观事物的不同认知和评价会产生不同情绪。教师要培养学生的共情能力，引导学生透过现象看本质，将自己置于他人立场分析问题，从旁观者的角度出发检验自己的决定正确与否，避免以自我为中心，要多体会别人的感受，建立与他人沟通的桥梁，而不是自怨自艾。学生要注重掌握具体的情绪管理策略，如调整作息时间，适时进行体育锻炼，促进良好情绪的形成；通过对他人无害的方式如欣赏音乐、找人倾诉、咨询心理辅导定期宣泄消极情绪；学会微笑、学会倾听、学会与他人沟通交流，对他人敞开心扉，尽自己最大的努力了解和理解新事物；将注意力转移到健康有益的事情上，避免重复性的自我困扰；强化积极情绪，自我调整、自我鼓励，迎接每一次挑战。

（2）引导学生接受自身的不完美

合理引导学生，教会学生认清情绪、调节情绪并管理情绪。人无完人，要教会学生接受自己的不完美，在薄弱处不断进步。学生遇到困难、情绪低落时，要引导学生主动找身边的亲朋好友、老师倾诉，寻求情感支持和解决办法。也可以鼓励学生通过运动、旅行等方式来舒缓不良情绪。

（3）掌握情绪管理的方法

高职大学生可以运用多种方法来维持自己的积极情绪、调节消极情绪，以便拥有健康的心理状态来学习。维持自己的积极情绪相对来说简单，但调节消极情绪相对复杂。调节消极情绪的方法主要有情绪转化法和情绪体验法。情绪转化法是要有乐观的精神状态，站在不同的角度思考问题，学会发现消极情绪中的正面因素。情绪体验法会让大家不害怕消极情绪，激励大家踊跃体验，真正从内心深处得到答案。人们看问题要注意正反两面，心底要有意识地从积极的角度看待事情，不能片面地只看到消极的一面。先要调整自己的不合理认知，发现自我，努力找到正确的自我认知，进行有效的情绪管理，提升情绪管理能力。调节情绪问题可以通过运动法、哭泣法、倾诉法和音乐法。高职大学生多进行运动，会帮助自我心理和生理修复。在运动环节，尽量选择有兴趣的项目来宣泄消极情绪，可以释放压力。哭泣对减少压力、释放情绪十分有效。哭泣会把消极情绪适当地宣泄出来，流出来的眼泪会把因消极情绪产生的物质排出体外，有利于身体状态调整。学会向亲人、朋友和教师倾诉自己的消极情绪，把问题说出来心里会舒服一点，在这种情况下，还可能得到一些帮助或建议，调节自己的消极情绪。音乐法是现代部分高职大学生常用的方法，听音乐可以影响情绪、放松自己的心情，给人们带来好的心理感觉，帮助大家缓解压力。

4. 高职院校构建大学生情绪管理能力的培养机制

情绪管理是复杂的、动态的过程，情绪管理能力是一个静态的过程。高职大学生出现的很多思想问题，很大一部分是由情绪波动引起的。一个人情绪的变化是自己心里的感受，如果不针对性地关注学生，很难引起教师的注意。因此，需要建立高职大学生情绪管理能力相对应的思想政治教育培养机制，对人们在情绪管理中出现的问题针对性地开展思想政治教育，争取将矛盾化解在原始状态。教育工作人员要学会及时倾听学生的心声，了解其心理状态。要将高职大学生情绪管理中的重点问题，作为思想政治教育课程的重点，帮助学生调节情绪，做好其思想工作，有针对性地进行预防与教育。

5. 优化教师与学生的关系，注重情感培养

思政教育工作中亲和力与渗透力的融合影响着情绪管理教育的活力和成败，而注重人文关怀已成为改善高职院校当前思政工作疲软状态的关键，这是一种不同于传统思政工作的方法。教育过程实际上是师生感情相互影响、相互交流的过程，良好的师生感情在学生学习和生活中起到重要的推动作用。辅导员在大学生思政教育和日常管理工作中占据举足轻重的地位，其要注重学生客观存在的个体

差异，尊重学生主体价值；注重通过校园活动的多样性和多元化吸引和感染学生，使学生成为校园活动的积极参与者；学生在日常生活中会产生各种摩擦而导致心情郁闷，这时需要辅导员从中调和，用心理解学生特有的心理因素和消极情绪的发泄，选择合适的词语和语气与其沟通，引导学生改变对事物的思考和理解方式。思政工作者特别是辅导员应动态把握高职大学生心理健康状况，从思政角度引导高职大学生完善自我意识、消除心理障碍、建立良好的人际关系、培养自我控制能力和乐观的社会心态，显著提高学生的心理健康水平，确立健康文明的生活方式。只有这样，才能从根本上解决学生对思政教育工作心理不相容的问题，实现感情上的交流和共鸣，以保证思政教育工作对情绪管理教育的积极影响。

6. 教师加强心理辅导，提高心理素质

高职大学生的"三观"正处于不断形成、发展和完善的阶段，部分学生刚刚脱离父母的庇护，遇到挫折时往往不能很好地处理。因此，教师需要对学生进行适当的心理辅导和有针对性的个体化指导。可以组织高职大学生学习党课、团课，鼓励高职大学生参加社团活动，进行团体辅导，从而使高职大学生放松心情，帮助他们调节情绪。高职院校要努力为学生营造凝聚力强、积极向上、互助友爱的集体氛围。老师要多关注学生的日常生活，多关心他们的情感世界，而不是仅仅关注分数。要为学生建立集体归属感，有了归属感，学生才能感受到集体的温暖。学校、老师和班干部要尽可能发挥组织领导作用，多关心后进生和有自卑心理的学生，通过开展集体活动让每一名学生都能感受到集体的温暖。

7. 引导高职大学生读懂他人情绪，学会"察言观色"

读懂他人情绪，是指能及时准确地认识他人的情绪波动，并作出适当反应。高职大学生在人际交往过程中，要学会从对方的语调、表情、眼神和手势读出对方的内心感受，读懂对方的情绪变化，通过细节了解对方的情绪状态。这样既可以帮助对方疏导负面情绪，又可以巧妙地避开冲突，防止自己成为不良情绪的牺牲品。

8. 指导高职大学生合理表达想法，适当释放情绪

高职大学生人际冲突事件大多是由情绪失控引起的。如果过度压制情绪，到一定程度后，情绪会像决堤的洪水一样喷涌而出，引发冲突甚至产生过激行为。因此，当高职大学生产生负面情绪时，老师要充分了解学生的诉求，指导其合理地表达想法，适当地释放压抑的情绪。可以让学生在电影、书籍中寻求慰藉，或是向亲朋好友、老师倾诉以释放情绪，这些都是释放情绪的良好方法。每一次的情绪释放都是一次内心的洗涤和心灵的升华。通过释放情绪，高职大学生会更加

坚强，更好地成长与成功。

9.重视高职院校校园文化建设

满足学生合理需求，充分利用高职院校隐性的和潜在的德育资源是改进和提高高职大学生思政教育的有效途径。高职院校校园文化是学校主流文化的重要表现形式，是弥漫在校园活动与大学生精神生活中的文化氛围、价值取向和生活方式，能发挥陶冶情操、磨炼意志的关键作用。高职院校不仅要从外观上美化校园，而且要建设崭新的校园文化，满足高职大学生的合理需求，以高职大学生喜闻乐见的方式开展如寝室文化节、双歌赛、形象展示大赛、爱国主义演讲比赛等各项活动，丰富和充实学生课余生活，在融入思想政治教育的同时坚持先进文化的前进方向，把握开放性和时代性特征，让学生获得正向社会引领价值，保持积极向上的生活状态。

第四节　情商的概述

一、情商及情商教育的内涵

（一）情商

情商通常是指情绪商数，简称 EQ，1995 年，被誉为"情商之父"的哈佛大学心理学博士丹尼尔·戈尔曼 (Daniel Goleman) 出版了《情商：为什么情商比智商更重要》一书，他认为"情商是决定人生成功与否的关键"，他认为情商主要包含五个方面的能力：了解自我的能力、自我管理的能力、自我激励的能力、识别他人情绪的能力、处理人际关系的能力。目前我国高职大学生绝大多数是独生子女，加上我国应试教育体制的弊端，大部分学校和家长在学生成长过程中更重视学生的成绩、升学和就业率，而忽视了学生情商的培养，导致部分高职大学生不能科学地认识自我、环境适应性差、情绪管理能力差、人际关系紧张、不适应大学生活等。

智商和情商犹如人的左膀右臂，情商更为关键要素。智商和遗传因素息息相关，但情商并不是与生俱来的，个体间的情商先天差别并不大。它可以通过多种途径使人进行后天培养和强化，其中情商教育尤为重要。

（二）情商教育

情商教育是相对于智商教育的一种社会及情绪能力教育，主要内容是对个体的情绪管理、自我认知、人际关系、沟通交流、挫折压力、抵抗能力等方面的指导与训练，促使个体能够更好地适应社会生存。这些内容需要根据受教育者的身心发展特点，符合教育的客观规律，需要注重不同的年龄阶段与不同的教育方式。

（三）自我情商教育

自我情商教育是指个体能够发挥主观能动性，对自身进行情绪情感等方面教育的一种训练模式，主要以自我意识、自我控制、自我激励等为训练内容，通过自省内化，促使个体内部将智力与非智力因素相互协调发展，从而提升自我适应社会生存的各方面能力。例如在人际交往中，把自我不能控制的情绪转变为可以控制的情绪，可以更好地与他人相处。

二、加强高职大学生情商培养的意义

（一）提高情商，可以保持良好的身心状态

对自身情绪有着良好识别和调控能力的人，始终能够保持平和愉悦的心境和乐观向上的态度，对生活充满信心和希望，对周围环境保持兴趣和热情，最终达到身心的健康、和谐、充盈状态。即使遇到挫折困难，也能通过合理地宣泄不良情绪来缓解压力，同时保持清醒的头脑和理性的分析，充分激励自己，最大限度发挥潜能、迎接挑战。

（二）提高情商，可以健全自身人格品质

提高情商，有助于形成正确的自我认识和自我意识，对人格起到良好的调节和监控作用，实现本我、自我、超我的和谐统一，做到自信不自负，自尊不自满，既能悦纳自己，又能包容他人。同时，能通过不断调整自己的情绪、意志、耐受挫折等方面的品质来适应瞬息万变的环境，以更加开放、包容的态度融入社会，体验生活。

（三）提高情商，可以构建和谐人际关系

生活中，高情商的人往往能够及时觉察和监控到自身和他人的情绪情感变化，并能够准确利用这些信息来调整自己的行为，使之更加适度、合理、有效。再者，

高情商的人更愿意自觉主动地与他人建立融洽关系，在交往中，他们真诚友善、信任宽容、坦诚大度，懂得换位思考，能设身处地为对方着想，有着良好的共情能力和同理心，因此，他们更容易受到他人的喜爱、信任和尊重。

第五节　高职大学生情商的培养与提升途径

一、当代高职大学生的情商现状

时代在进步，与以往主要强调智商的社会不同，当代社会的发展迫切需要智商、情商双高的综合型人才。情商对于一个人的成功至关重要，青年大学生是一群数量庞大的特殊社会群体，是社会主义建设的主体力量，是促进社会和谐的重要音符，承载着国家的未来、民族复兴的希望，大学生的情商对我国全球竞争力有重要影响，事关民族的前途和命运。

（一）自我认知偏颇、自我意识强烈

自我认知是指对自己的思维、情绪、意志、性格、行为等方面的觉察、判断和评估。当前，多数高职大学生对自我缺乏客观准确的分析和评价，做不到正确认知自我、努力完善自我和悦纳自我，常常感到迷茫、困惑，生活没有目标、学习动机不强。同时，受成长环境的影响，当代大学生具有强烈的自我意识，考虑问题常常以自我为中心，从自身利益出发，凡事斤斤计较，对他人缺乏包容和同情。集体活动中不懂合作、不懂分享，既不能吃苦，也不能吃亏，遇到问题更多的是责备他人而不是反省自己。

（二）情绪调控能力不强，心理承受能力较差

当代高职大学生遇事容易冲动，缺乏合理归因，不能及时觉察自己的情绪变化，出现消极情绪时，不能适时监控、及时调整、合理宣泄；遇到挫折时，往往怨天尤人、自暴自弃，不懂忍耐坚持，常常半途而废；遭遇突发事件时，不能利用情绪的生理唤醒功能激发自我、妥善应对、处置危机；在面对学业、情感、经济、就业、人际关系等诸多压力时，易出现紧张、焦虑、抑郁等负面情绪，加之他们心理承受能力普遍较差，且社会责任感不足，对人生价值缺乏正确的认识，容易产生极端行为，甚至酿成悲剧。

（三）人际关系紧张，社会适应不良

当代高职大学生多为独生子女，从小被宠溺，长期以来是家庭的中心，造成他们在人际交往过程中，很少顾及和尊重他人的感受和需求，缺乏共情能力和同理心。大学是个小社会，天南海北的同学聚在一起，他们家庭背景、生活习惯、气质性格、兴趣爱好各不相同，如若还跟在家里一样，以自我为中心，不能适时调整改变自己，势必造成人际关系紧张。同时，部分高职大学生沉迷游戏和网络，喜欢和虚拟世界里的人来往，不喜欢在现实世界中沟通，这造成他们沟通交流、协调组织能力比较差，社会适应能力明显不足。

（四）抗打击能力不足，经不住考验

在进入大学后，学生拥有更广阔的视野，自信心不断增加，成功的欲望增加，热衷于新鲜的人和事，积极表现自己的长处，但在失败后却萎靡不振、自怨自艾，不能根据自己的客观和主观实际情况作出调整，缺乏总结经验重新开始的勇气。由于抗打击能力不足，高职大学生遇到事情缺少责任感，经不住考验，甚至导致悲剧发生。

（五）社会实践能力有待提高

学生在高中时以应试教育为主，较少参与相应的实践活动，导致社会实践能力薄弱，在平时的实践活动中难免遇到失败。在失败时高职大学生往往出现放弃的想法，不能根据目标来指引自己、激励自己，不能使自己一直处于高昂激情的状态。

二、高职学校大学生情商培养的实施策略

高职大学生是我国职业技术人才的重要储备力量，对高职大学生不仅要教会其相关的工作能力，更要教会其做人的道理。在高职院校系统专业的知识体系学习下，高职大学生既能充分学习专业技能知识，还可以实践操作职业相关的设备机器，这使得高职大学生能够具备相当强的工作能力，但是对于学生软实力教育，即情商培养还有一些欠缺，必须要相应地进行加强。

（一）学校层面

学校应当把情商培养纳入德育教育体系之中。目前，虽然学校也展开进行丰富的德育教育课程或活动来提高学生的综合素养，但是却并未将情商培养纳入体

系。将情商培养纳入德育培养体系，可以有效增强情商培养效果，是教师和学生重视情商培养教育模式，从而实现高职大学生整体情商素质水平的大幅度提高。比如学校可以组织建立情商培养学习小组，加强情商培养在学生之间的讨论研究，通过一定的思想引导，潜移默化地提高学生的情商水平；还可以开展拓展训练，通过具体相关的活动内容将情商培养融入其中，寓教于乐，使学生乐于接受情商培养教育，在感受到情商提升的好处后，更加积极主动地加入情商培养教育工作中，形成良性循环。具体可以从以下几个方面阐释。

1. 健全思政育人体系，加强心理健康教育

注重思想政治教育，促进高职大学生情商培养与思想政治教育相结合。一方面，发挥思想政治教育对情商培养的导向作用，引导高职大学生坚定理想信念，锤炼高尚品格，树立正确的人生观、世界观和价值观，这些既是情商培养的肥沃土壤也为情商培养提供强大的精神动力，使其达到春风化雨、润物无声的效果。

另一方面，发挥情商培养对思想政治教育的促进作用，注重培养高职大学生稳定的情绪状态、和谐的人际关系、坚强的意志品质和积极的生活态度，这些都是高职院校思政育人、"三全育人"的坚实保证和有效途径。同时，加强高职大学生心理健康教育，将情商培养融入心理健康教育中，帮助高职大学生全面客观认识自己，正确处理人际关系，合理识别和监控自身情绪，增强心理弹性，保持心理健康，从而提升情绪智力。

2. 推进校园文化建设，营造和谐文化氛围

校园文化对学生的道德养成、气质提升、人格塑造、情商培养发挥着重要的导向作用，要积极推进校园文化建设，不断丰富和创新活动形式，营造良好的校园文化氛围。开展情商讲座、主题研讨、文化沙龙等学术活动，不断丰富高职大学生的情商知识，帮助他们正确认识情绪、合理调适情绪，对情商培养产生潜移默化的影响。组织社团活动，在活动的前期策划中提高高职大学生自我表达能力和创新创造能力，在活动的实施过程中锻炼高职大学生人际交往、团队协作和组织管理能力。举办文体赛事，锤炼和激发高职大学生坚强的意志和拼搏的斗志，充分发挥情绪自我激励功能。值得注意的是，对于一些脾气暴躁、情绪不稳定的学生应鼓励他们参与慢跑、瑜伽、太极拳等活动，帮助其稳定情绪、平静内心，提高他们的情绪管理能力。

3. 深化课外社会实践，促进情商拓展训练

鼓励高职大学生走出校园，到社会上历练成长，不断提高他们的创新意识和实践能力。高职院校要为高职大学生课外拓展、科技创新、就业实习、暑期下乡、

志愿服务等社会实践活动创造条件、提供平台，并结合第二课堂成绩单建设，构建科学合理、切实可行的激励机制，必要时，要给予学分认定。开展"青马工程"素质拓展训练可以帮助高职大学生提升情绪调控、耐受挫折和团队协作能力；科技创新可以助力高职大学生崇尚科学、追求真知、自我激励；就业实习可以帮助大学生认知自我，提高人际交往能力和树立社会规则意识；暑假下乡可以加深高职大学生对国情、民情、社情的了解，丰富人生阅历，提高社会责任感；志愿服务可以帮助高职大学生提高动手能力，锤炼人格品质，传播守望相助的正能量，弘扬崇德向善的好风尚。

4. 以体育锻炼为手段，促进学生情商的提升

传统意义上的体育锻炼是指以身体练习为基本手段、以增强体质为目标的身体运动。随着认识的深化，现代广义上的体育锻炼包括形成良好的锻炼习惯、保持身体能量、塑造体育精神等丰富的内涵。情商是人的情感情绪管理能力，包括管理自身情绪、面对他人情绪等，反映了压力承受、挫折应对、情绪平衡等情感情绪应对能力。学界围绕体育锻炼和情商的关系问题已经进行了不少研究。一部分学者认为，学生通过体育锻炼，可以学会控制波动情绪，调整不良心态，从而提升心理承受力。另一部分学者认为，长期以来，我国教育界存在重视培养学生智商而忽视培养学生情商的现象，这可能造成学生智商与情商发展的不平衡，体育锻炼不是提高情商的唯一途径，但确是有效方法之一。

研究者们也围绕情商和学习表现的关系问题取得了不少研究成果。研究结果表明，大学生自我情绪评估、自我情绪激励和英语四级考试中的学习成绩呈现显著的正相关关系。学者们围绕体育锻炼和学习表现关系的研究已经取得了很大进展。有学者指出，体育锻炼对学习成绩具有正面影响，减少体育锻炼会导致学习成绩的下降。部分研究人员发现，体育锻炼可以激活分子通路，有效改善大脑内决定复杂技能学习的分子机制，调节神经系统的认知学习功能，有效提高记忆学习表现。

体育锻炼是增进健康、增强体质和调节精神的身体活动。体育锻炼不仅是增强体质、发展身体的生理问题，也是丰富精神生活、陶冶情操的内心活动。

丹尼尔·戈尔曼认为情商包含 5 个主要方面：了解自我，察觉自己的内心体验与情绪变化；自我管理，适时调控自己的情绪；自我激励，调动指挥情绪的能力；识别他人情绪，能够敏感地感受到他人的需求；处理人际关系，调控他人的情绪反应。

体育锻炼在培养情商的过程中起到重要的作用。人在体育锻炼时，可以学会

管理自己的情绪，培养正面情绪以实现自我激励，排解负面情绪，从而在体育锻炼中逐步改善情商不足的问题。文献的研究证明了体育锻炼和情商密切相关，进行体育锻炼训练干预的实验组情商水平明显高于对照组。有学者认为，积极参与体育锻炼的学生在学习效能上要显著优于不参加锻炼的学生，经常参加体育锻炼的学生在心理疲劳上要明显低于不参加锻炼的学生。还有学者通过分组研究得出，从事一定强度体育锻炼的观察组大学生情商水平与其他组大学生的情商水平差异具有统计学上的显著性意义。这说明，大学生体育锻炼对情商具有积极促进作用，有利于提升大学生的心理韧性，参加体育锻炼是提高情商的有效方式。

（二）教师层面

教师作为高职大学生情商培养的主要执行者和重要影响人，其情商水平的高低直接影响着学生情商培养的效果。因此，教师应当积极努力提高自身情商水平，身体力行、言传身教，以风趣幽默同时又不失睿智豁达的情商培养教育风格来吸引学生的兴趣，让学生以自身为行为楷模，见贤思齐，从而实现情商培养的教学目的。在实际进行情商培养的过程中，教师一定要一视同仁，积极维护学生的自尊心，帮助其树立健康、正确的思想价值观念。同时因材施教，针对每个学生不同的心理特点，有选择地进行情商培养教育，使得高职大学生能够全面发展、健康成长，终成社会栋梁之材。

1. 创新教育教学模式，注重情商课程开发

将情商教育纳入学校整体课程体系当中，发挥课堂主战场的作用。思政课中的道德修养、人格品质，职业指导课中的面试技巧、礼仪规范，心理健康课的情绪情感、人际关系等章节中均可引入情商教育的内容。制订课程计划，注重课程开发，在全校公共选修课中适当扩充情商教育相关课程，并逐步完善教学评价体系，严格教育考核机制。情商教育不是枯燥理论的灌输，而是生活智慧的再现，对学生有很强的实用性。在课堂上教师要创新教学模式，提高课程的趣味性和吸引力，可以通过生动的日常生活事例、有趣的心理学效应来诠释情商，运用情景再现、小组讨论、角色扮演等体验性教学方式来展示情感，教师要言传身教，学生要学以致用，课堂上寓教于乐、课堂外躬身实践、师生互动、教学相长。

2. 应用 NLP 理论提升高职大学生情商的探究

（1）NLP 的概述

NLP 是神经语言程序学（Neuro-Linguistic Programming）的英文缩写，由美国学者理查德·班德勒（Richard Bandler）和约翰·格林德（John Grinder）于

1976 年创立于美国加州大学。他们通过模仿优秀人士的思维、言语、情绪、行为背后的技巧程序，让人在处理事情方面，更容易找到事情的根源和解决的方向；让人在沟通人际关系方面，更能够有效地与对方配合并达成结果；让人在情绪处理方面，更有效地处理自己及他人的情绪。所以运用 NLP 提升高职大学生的情商值得探索。

（2）通过 NLP 提升情商的具体途径

①通过 NLP 懂缘由法提升高职大学生情商。俗话说"耳听为虚，眼见为实"，针对自己亲眼所见的东西，大家都认为是事实，高职大学生也不例外。其实不然，NLP 告诉我们，我们人通过外感官看到、听到、感觉到的东西，不会全部进入内感官，而是经过了删减省略、概括归纳、扭曲变形三重处理后进入内感官，当高职大学生明白了这个道理后，就会对外在的人、事、物认知保持一个弹性，提升人际沟通效果。

②通过"NLP 十二项前提假设"法提升高职大学生情商。"NLP 十二项前提假设"是 NLP 的基本精神，也是 NLP 思考和解决问题的出发点，香港 NLP 之父徐志忠说，"前提假设是 NLP 的免疫系统""什么思想或行为，你用十二项前提假设过滤一次，便不会产生多大问题"。高职大学生如果能运用"NLP 十二项前提假设"来思考和解决问题，情商将大为提升。为方便高职大学生掌握"NLP 十二项前提假设"，笔者在实践过程中，将"NLP 十二项前提假设"分为认知篇、沟通篇两类。首先，运用 NLP 认知篇前提假设提升高职大学生情商。NLP 认知篇前提假设总共有 5 条，分别是：没有两个人是一样的；一个人不能控制另外一个人；只有感官经验塑造出来的世界，没有绝对的真实世界；每个人都已经具备使自己成功快乐的资源；在任何一个系统里，最灵活的部分便是最能影响大局的部分。通过没有两个人是一样的这条前提假设，我们要让高职大学生明白，人与人之间正是有不同才形成这美妙的世界，同时，每个人因看到、听到、感觉到的东西不同，所以每个人的认知不同，每个人的 BVR（信念、价值观、规条）不同，所以高职大学生与人沟通时，要了解人与人之间的差异，尊重差异、求同存异。另外同一个人在两分钟内也是不一样的，诚如俗话所言"士别三日，理当刮目相看"，当然，高职大学生要做到三日内让人刮目相看，就要发愤图强、努力学习，不断增强技能。通过一个人不能控制另外一个人这条前提假设，我们要让高职大学生明白，这个社会有三件事：老天的事、别人的事和自己的事。针对老天的事我们要顺势而为。针对别人的事，我们处理的智慧有三：第一，改变自己，让自己更能接受对方；第二，做些事情，让对方感觉有改变的必要性；第三，做些安

排，即使对方不改变，自己也能接受，不影响自己更加成功快乐、轻松满足。针对自己的事，那高职大学生自己肯定要尽力而为、全力以赴。通过每个人都已经具备使自己成功快乐的资源这条前提假设，我们要让高职大学生明白，不管过往如何、现状如何，每个人都可以让自己过得更加成功快乐、轻松满足，我们处理复杂事情的法则是面对、接受、放下、转身。其次，运用 NLP 沟通篇前提假设提升高职生情商。NLP 沟通篇前提假设总共有 4 条，分别是：沟通的意义取决于对方的回应；每一个人都选择会给自己带来最佳利益的行为；动机和情绪总不会错，只是行为没有效果而已；没有挫败，只有回应信息。通过沟通的意义取决于对方的回应这条前提假设，我们要让高职大学生明白，一个沟通高手，不是自己多会讲，不是口若悬河、滔滔不绝就是沟通高手，一个真正的沟通高手，在于取得对方的回应，即说到对方想听，听到对方想说，问到对方触动。通过每一个人都选择会给自己带来最佳利益的行为这条前提假设，我们要让高职大学生明白，沟通时，要重点了解对方的需求，看自己设计的方案是否满足了对方的最佳利益。通过动机和情绪总不会错，只是行为没有效果而已这条前提假设，我们要让高职大学生明白，每个人的行为背后，都有一份他自己感觉好的动机，但是他的这份动机不一定能通过这个行为实现。所以高职大学生在与人打交道时，我们不仅要看他说什么、做什么，更要看他这些行为背后的动机。接纳他的动机和情绪，就是对这个人接纳，当一个人被接纳时，再同他商讨行为是否有效，就会取得更佳的结果。

③通过 NLP 换框法提升高职大学生情商。每个人通过问自己问题，会引导自己的注意力方向，从而产生不同的心境或情绪，继而产生不同的行为和结果。所以，高职大学生如果能够有效应用 NLP 换框法，就能有效提升情商，目前，高职大学生常用的 NLP 换框法有：从失败框架转向反馈框架；从不可能框架转向就像框架；意义换框。从失败框架转向反馈框架，比如某高职大学生说，我不会游泳，这个实际上是个失败框架。"你是说，到目前为止，你还不会游泳吗？""是不是因为，你一直没有优秀的教练教你，所以到目前为止，你还不会游泳？""假如有一个优秀的教练教你，你是否就有可能会游泳了？"，短短的几句反馈框架，就让高职大学生看到事情的新可能性。从不可能框架转向就像框架，就是让高职大学生从未来找力量，先让高职大学生享受"就像"已经实现了渴求的目标或结果时的成就感和满足感，而后再把高职大学生带回现实，为了实现这个目标，明确当下要如何脚踏实地的起步。意义换框，我们在生活中有很多信念是带有因果关系的，而这些因果关系带来的结果很多是消极的，意义换框法就是要打破这种

固有的思维观念，改变原有的结果。比如某高职大学生说，我的辅导员很挑剔，所以我很不开心。用意义换框法后，因果对调，就变成：我很开心，因为我的辅导员很挑剔，在这么挑剔的老师手下我都能做好工作，未来还有什么工作我做不好呢？通过意义换框，不管遇到什么事情，都让高职大学生用正面、积极向上的态度去面对。

④通过 NLP 科学认知情绪法提升高职大学生情商。情绪，是对一系列主观认知经验的统称，是多种感觉、思想和行为综合产生的心理和生理状态。高职大学生可通过 NLP 科学认知情绪、有效处理自身情绪和有效处理他人情绪。高职大学生应用 NLP 科学认知情绪，情绪的真正来源是本人内心的一套信念系统（信念、价值观和规条），外来的人、事、物只不过是诱因而已，内在的信念系统，才是决定因素。高职大学生应用 NLP 有效处理自身情绪法包含治标法和治本法两种。常用的治标法有消除、化淡、运用、配合四种；常用的治本法有改变本人信念、价值观和规条等方法。高职大学生传统处理他人情绪的方式是交换型、惩罚型、冷漠型、说教型四种，实践证明，这四种方法并不是有效的方法。高职大学生真正有效处理他人情绪，可用 NLP 中的 EQ 法，EQ 法包含接受、分享、肯定、策划四部曲。第一步接受，就是注意到对方的情绪，接受带有这份情绪的他，比如"你看起来有点情绪，愿意和我谈谈吗"；第二步是分享，分享的要点是先分享心情，再分享事情，当一个人的心情处理好了，很多事情自然而然就容易解决了；第三步是肯定，肯定可以肯定的部分，实在不好肯定，可以应用 NLP "每个人动机和情绪总不会错，只是行为没有效果而已"，肯定对方的情绪和动机；第四步是策划，凡事都有三个及三个以上的解决办法，和对方一起探讨解决问题的方案。

3. 思想政治理论课教学中融入情商教育

（1）思想政治理论课教学中情商教育的意义

①思想政治教育的内在要求。高职大学生的必备素质之一是思想政治素质，它是科学文化素质和心理健康素质的表现，决定着高职大学生综合素质的性质和状况。在思想政治教育学科中，首先，要坚持"以人为本"，将其作为高职大学生思想政治教育的出发点和落脚点，以及思想政治教育的中心和根本。其次，理想信念是高职大学生思想政治教育的核心内容，思想政治教育蕴含着丰富的内容，且各个内容之间相互联系、相辅相成，要求在理想信念教育内容中践行和培养高职大学生的爱国主义教育。中国共产党自 1921 年诞生以来，就始终坚持把共产主义作为自己的奋斗目标。理想信念是中国共产党取得革命胜利的重要保障，在

大学思想政治教育中信念教育就成为核心内容。因此，情商教育要抓住思想政治理论课的天然优势，思想政治教育也要吸收情商教育的科学理论丰富其内容，两者相互促进、科学发展，更好地发挥培养全面发展的人的功能。

②思想政治理论课与时俱进的现实需要。近年来，思想政治理论课的形式正突破时间空间的限制，向着宏观、微观、网络虚拟空间拓展。社会资源与学校资源的集合，有利于高职大学生形成良好的思想政治观念和情商、智商。真正的教育是胸怀积极主动学习的动机并付诸实践的自我教育，保持自学意识、自律意识的良好品格。高职大学生不仅要接受教师传授的知识，还应积极主动学习，养成自我培养意识。我国社会主义现代化正快速且高质量地发展着，高职院校思想政治理论课的形式也符合国家和社会的需要，不断地创新拓展，促使高职大学生能够更好地感受到思想政治理论课的魅力。渠道拓展的客观事实和内容丰富的现实需要，推动思想政治理论课教学迫切需要加入情商教育的相关内容，为建设社会主义现代化提供高智商和高情商的综合型人才。

③思想政治理论课价值的彰显。自思想政治理论课程开展以来，取得的成就大家有目共睹。高职院校思想政治理论课推行情商教育，是思想政治理论课改革发展的需要，是彰显其价值的重要渠道。情商教育是高层次的素质教育。情商教育是在教育实践活动中老师与学生相互沟通、交流、合作过程中慢慢培养的，有利于践行思想政治理论课立德树人的根本任务，可调整学生在学习、生活中的情绪。高职院校思想政治理论课中融入情商教育有利于高职大学生身体、心理、文化、品德等多方面发展，有效地提升了高职大学生的人际交往能力，为社会的和谐构建、经济发展的稳步推进奠定坚实基础。开展情商教育符合人们对现实生活、学习和工作的需要，更体现出思想政治理论课的时代价值。

（2）加强高职大学生思想政治理论课中情商教育的措施

①注重思政课中的情商教育。高职学校教育是我们国家教育的重要形式，从国家的国情和长期的学校教育的影响来看，在将来很长一段时间，学校教育都将是我们国家教育的主流。思想政治教育也多以学校教育的形式进行，因此，学校思想政治理论课对提高高职大学生的情商教育至关重要，需要社会、学校、家庭共同重视，形成合力。学校、教师和学生应该正确认识情商教育在思想政治理论课教学中的重要性，学校在制订教学计划时应加入情商教育，教师在课程安排中要注意情商教育内容的传授，学生在进行专业知识学习和道德培养的同时也不能忽视情商教育的培养，通过多方对情商教育的重视，开展情商教育与培养，有效提高情商水平和情商教育的实效性。

②充实内容，创新形式。思想政治教育是培养大学生德育的先锋，培养高职大学生的情商需要丰富高职院校思想政治理论课中情商教育教学内容和形式。思想政治理论课教学过程中要注重培养、提高学生的团队协作能力，在经济步入快车道、信息大爆炸的时代，个人取得巨大成功需要团队的支持，在这个团队中需要相互了解、理解他人和肯定他人，才能增强团队凝聚力，发挥团队的最大力量。李峰在《你不可不修炼的情商》中说，"高情商者是一个能从他人的言语、动作、眼神等方面察觉他人的情绪，了解他人是与他人交流的前提条件"，察觉他人情绪对我们来说是很重要的，正确识别他人的情绪在于和谐相处。思想政治理论课是一个育人的平台，也是一个锻炼人的平台，培养与人和谐相处的能力，就要培养高情商，要肯定他人、理解他人。大学是一个人际交往较为密切的地方，很多的交流建立在理解他人的基础上，不要因为一点矛盾就去否定他人。在学会正常认识他人情绪的同时，我们还需要正确处理人际关系，因为人际关系是我们每个人都不可缺少的生活能力。

③改变情商评估功利主义。长期以来受到应试教育及受不良教育氛围和环境的影响，部分高职大学生的功利观滋生，认为读书就是为了将来有一个好的工作，更有甚者，想通过大学这道门槛步入上流阶层。在这样的大环境下，思想政治理论课的核心就是引导高职大学生树立正确的思想价值观，根本任务是立德树人。在如今部分高职大学生功利观过重的情况下，需要真正发挥思想政治理论课的作用，摒弃评估的功利主义，使情商在思想政治教育过程中取得真正实效。在高职院校思想政治教育过程中，应该而且要植入情商教育，提出合理的"验收"方法，帮助学生树立正确的世界观、人生观、价值观。对于情商教育，爱党爱国情绪是第一位的，不管何时何地、哪个民族，学生都要怀有正确的爱国情怀，都不能忘记自己的祖国，不能忘记坚定为国家、为人民不懈奋斗的伟大理想信念。另外，帮助学生培养良好的道德规范，青年学生是中国特色社会主义建设的主体力量，不仅代表大学生群体，更代表中国文化素质面貌，在高职院校思想政治教育中要加强道德规范作用，引导学生爱国守法，勇于维护集体的利益，勇于维护自己的荣誉和尊严。在情商评估时，方向要正、站位要高，不仅考虑自我认识、自我管理、自我激励、识别他人情绪、人际关系协调能力，更要考虑符合社会发展的需要。

4.优秀传统文化教学融入情商培养的途径

（1）提升高职大学生的爱国情怀

爱国情怀是时代的需要，也是历代文坛不可或缺的主题，无论在和平年代还是在国家的多事之秋，作家们以笔为矛挥毫泼墨高扬爱国主题，书写战场英雄、壮美河山，表达以身许国的豪情壮志和崇高的爱国情怀。爱国情怀是一种理想、一种信念，更是激励历代文人、学子前行的动力，当然，爱国之情的表达方式也是多种多样的。杜甫在游览泰山时写下的千古名篇《望岳》是其中之一，他以设问开篇，进而由远及近、由上及下，多角度转换描绘泰山，写出了泰山的雄伟磅礴和庄严秀丽，流露出诗人对祖国山河溢于言表的热爱之情；尤其是尾联一句"会当凌绝顶，一览众山小"，不仅表达了诗人不畏艰难、勇于攀登的雄心和气概，也抒发了诗人兼济天下的豪情壮志。

（2）引导高职大学生树立正确价值观

高职大学生正处在价值观形成的关键时期，高职教育虽要重视传授知识、培育专业素养，但更重要的是引导、教育学生树立正确的人生观、价值观，选择正确的理想信念；立德树人是高职院校的立校之本，德艺双馨是高职大学生的立身之本。面对各种文化思潮的涌入和冲击，高职大学生的价值观念、伦理道德和审美情趣都受到一定的影响，这就要求高职院校的一线教师充分发挥课堂的作用，提升教学中情商培养的能力，教育高职大学生树立正确的价值观。要自尊自爱。哲学家老子在《道德经》中写道："宠辱若惊，贵大患若身……故贵以身为天下，若可寄于天下，爱以身为天下者，若可托天下。"这段话出自老子《道德经》第十三章，是对于人的尊严问题的论述，大意是把荣辱这样的大患看得与自身生命一样珍贵。故而，珍惜自己的身体是为了治理天下，爱惜自己的身体是也为了治理天下，天下就可以托付、依靠他了。《道德经》阐述了老子强调的"贵身"的思想，"不以宠辱荣患损易其身"，始终保持完整、独立的人格，才有能力担负天下的重任。其实，人行走在世间，难免会遇到功名利禄和荣辱得失的问题，面对名、位、利等诱惑，该如何对待呢？这并不容易作出抉择，老子从"贵身"的角度出发，警示人们要把生命放在第一位，名利荣辱都可看淡，一切声色货利皆须抵御，然后可担天下之重任，为万民所托命。自尊自爱仍是当代高职大学生立身的基石。要行"仁"之道。孔子在《论语·颜渊篇》中，对儒家核心思想"仁"作了如下阐述，"仲弓问仁，子曰：'出门如见大宾，使民如承大祭。己所不欲，勿施于人。在邦无怨，在家无怨。'仲弓曰：'雍虽不敏，请事斯语矣。'"这句话中学生仲弓问老师孔子怎样做才是"仁"。孔子回答："出门办事如同去接待贵宾，使唤百姓如同进行重大的祭祀（严肃认真对待）。自己不愿意的，不要强加于他人。做到在诸侯之邦任职没有怨恨，在卿大夫之家任职也没有人怨他。"春秋时期的圣人孔子用"忠恕"思想教育青年学子，引导学生根据自己内心的体验来推测别人的真实感受，以达到推己及人的目的，这一处理人际关系的重要原则在当代社会的人际交往中仍然具有实用价值。

（3）引导高职大学生树立正确的爱情观

中国传统文化融入高职大学生情商培养，自然离不开情感的话题。青春期的学生对于"爱情"的话题尤为敏感，爱情让人生得以升华，高尚的爱情会变成幸福的源泉。教师应抓住学生的好奇心，进行正确引领，帮助学生树立正确的恋爱观，形成合理恰当的情感表达方式，这些都是高职大学生情商培养的重要组成部分。在我国第一部诗歌总集《诗经》中有很多优秀的描写热恋中男女思绪的作品，如《子衿》："青青子衿，悠悠我心。纵我不往，子宁不嗣音？青青子佩，悠悠我思。纵我不往，子宁不来？挑兮达兮，在城阙兮。一日不见，如三月兮！"整首诗以一唱三叹的形式描写一个女子思念、期盼心上人的情景。将《子衿》与《静女》对比来讲解，前者主人公是女子，后者主人公是男子，但都是写热恋中的心情。《静女》中写青年男子在幽会时等待心上人期盼、遥望的心情，虽有盼而不见的惆怅，但通过他对心上人外貌、心灵的赞美，可以想象到女子大致的样子，即女子在男子心中的形象和地位，从侧面亦可看出男子的痴情和对姑娘的迷恋。诗歌既描写了丰富的情爱体验，也形象化了复杂的爱情心理过程。通过学习，让学生领悟了古典诗歌的婉约、深邃和古代男女的情深义重。课本内容学习完成后，请同学们讨论沟通，让学生认识到爱情并不是空中楼阁，要想获得真正的爱情，需要有物质的支撑、强大的内心，更要在思想上、心理上足够成熟。在校期间的学习和努力，不断充实和进步，都是为将来步入社会、适应工作岗位做准备，也是为未来的幸福爱情和婚姻打基础。

（4）引导高职大学生树立正确的人生观

目前，高职大学生都是"00后"，正处在青春期的高职大学生大多生活条件较为优越，所受挫折较少，一旦遇到困难不知道该如何面对，甚至走极端，威胁到生命。面对种种让人扼腕心痛的现象，不禁让人们深思。人的一生难免会遇到困难坎坷，如何面对这些困难呢？注重后天的情商培养、树立正确的人生观、培养直面困难的勇气就尤为重要了。引领高职大学生学习中国传统文化，在鉴赏古代优秀诗文、阅读名家经典著作的同时，激发学生自身的正能量，引导学生树立正确的人生观。以学习、鉴赏司马迁的《报任安书》为例，在《报任安书》的最后写道："仆以口语遇遭此祸，重为乡党所笑，以污辱先人，亦何面目复上父母之丘墓乎？虽累百世，垢弥甚耳！是以肠一日而九回，居则忽忽若有所亡，出则不知其所往。每念斯耻，汗未尝不发背沾衣也！"痛定思痛，痛何如哉，在经历了痛苦的斗争和挣扎后，仍选择屈辱的活着，这需要有怎样的勇气和毅力啊！"人固有一死，或重于泰山，或轻于鸿毛，用之所趋异也。"面对荣辱、生死的深思，司马迁讲得无比沉痛而又充满了清透的哲理。司马迁用他的全部向世人诠释了生命的意义和活着的不易，也向世人展示了伟大生命的价值。这种面对困难、痛苦的态度和毅力，面对荣辱的淡定与冷静，面对生命中生与死的勇气和凛然，面对理想的执着和信念，正是高职大学生树立正确人生观所不可或缺的。

（三）学生层面

学生作为情商培养的对象和作用人，也要有意识地进行自我情商的培养，不断提升自我情商素质水平，树立正确的思想价值观念，规范自我言行举止，为以后的发展打下良好、坚实的基础。学生要积极参加各种社团活动或者学校运动，积极展示自我，取得更多良好的人际关系，在实际实践应用的过程中不断提高自身的说话技巧，提升自我情商素质水平，赢得周围人的好感。

情商培养虽然不是主流教育部分，但却对学生的一生都会有极其深刻的影响。因此，高职院校必须重视学生的情商培养工作，寻求更好、更科学的培养教育途径，使学生的情商能够不断提升，为其以后幸福美满的工作和生活做好铺垫，帮助学生实现自我人生价值。

第七章 高职大学生就业心理研究

本章针对高职大学生就业心理研究展开论述，围绕三个方面进行阐释，依次为高职大学生就业的理性认知、高职大学生常见的就业心理与调试、高职大学生健康就业心理的培养策略。

第一节 高职大学生就业的理性认知

就业是指劳动者必须在法定年龄内，为获取报酬所从事的符合《中华人民共和国劳动法》规定的务工劳动。职业是指个人所从事的服务于社会并作为主要生活来源的工作，它是职能与行业的乘积，根据《中华人民共和国职业分类大典》，我国的职业归为 8 个大类、66 个中类、413 个小类、1883 个细类。职业具有与人类的需求和职业结构相关、强调社会分工的社会属性，与职业的内在属性相关、强调利用专门的知识和技能的规范属性，与社会伦理相关、强调创造物质财富和精神财富、获得合理报酬的功利属性，与个人生活相关、强调物质生活来源，并涉及满足精神生活的技术属性和时代属性。

一、经济新常态背景下高职毕业生的就业态势

（一）高职毕业生的就业背景

1. 就业形势严峻

经济新常态背景下的就业结构问题较为突出，伴随着经济转型升级与结构调整，我国人力资源的供给来源与需求结构发生了深刻的转变，对高职大学生的就业产生了深刻的影响，导致我国高职大学生的就业形势日渐严峻。根据人力资源市场供求数据显示，2015 年我国 17~25 岁求职者的比重为 40 %，25~35 岁求职者的比重占 50 %。到 2018 年，17 岁 ~25 岁求职者所占的比重增加到 47 %，其中大专及本科以上学历的求职者所占的比重日渐增大，但就业岗位有限，高职大

学生的就业压力增大。

（1）毕业生人数增长快

我国毕业生的人数呈逐年增长的趋势，2018年我国有820万名高职毕业生，2019年毕业生已经达到834万名，到2020年我国共有874万名毕业生。由于高等教育的普及，高等院校每年都在实行扩招政策，毕业生就业形势异常严峻。

（2）经济困难毕业生难就业

在市场化的就业轨道中，高职大学生难免会产生就业竞争。在就业的竞争中，就业弱势群体指的是竞争力差或处于劣势的学生。在就读期间，大部分贫困学生所面临的压力要比普通学生大，家里为了供他们读大学本身就有一定的经济压力，该问题在民办院校中尤其突出。这类大学生在高职院校就读期间会感到自卑、缺少自信，为了学费、生活费，还要参加勤工俭学，导致自己的学业受到影响，毕业后又因为自己没有社会关系或其他特长，就业屡屡受阻。与普通毕业生相比，经济困难毕业生毕业要面临更大压力，就业难使他们的心理问题更加严重。

2. 经济增速放缓，岗位需求减少

在新常态经济背景下，我国经济发展已经从传统的粗放型转变为集约型，降低了对大量劳动力的需求，使经济发展重心集中在管理创新与技术引进等层面。加上劳动成本、原材料及资源成本的变化，严重影响到岗位规模的增长与供给。

3. 就业区域结构不合理

如今，越来越多的高职毕业生都优先选择在发达城市就业，这样就出现了就业区域结构分布不均的局面。而且大多数高职院校都位于发达城市，还有许多高职毕业生选择就业时有"就近"心理，他们会选择自己毕业的城市就业，所以毕业生的就业区域比较集中，为发达城市增加了就业压力。而对于农村地区和那些比较落后的地区来说，因经济落后、人口少、区域偏远等诸多因素，导致高职毕业生没有强烈的择业意愿，所以这类地区普遍缺少人才，也会有更多就业岗位。毕业生就业区域不平衡的分布及不均匀的人才分布现象尤为明显。

4. 就业行业领域单一

随着金融类经济、服务类经济的迅速发展，高职大学生在选择专业时往往更热衷于金融、会计、计算机等几个专业，择业时会选择比较热门的行业，比如金融、会计、计算机等，相对来说，只有少数人会选择冷门的专业和行业，由此就形成了毕业生就业行业领域不平衡分布及单一选择这一事实。

5. 创新创业得到全新发展

在产业结构升级与资源优化配置的背景下，万众创新与大众创业逐渐成为社会民生、经济发展的根本与关键，成为我国构建创新型国家，探寻新经济增长点的关键。创新驱动也逐渐成为取代投资驱动、要素驱动的新发展动力，能够为当前的职业教育提供新的发展机遇。

（二）经济新常态下高职大学生就业能力问题

结合经济新常态下的就业态势，能够发现就业形势严峻、岗位供给不足及对创新型人才的需求是高职大学生在求职就业中所面临的基本问题。高职大学生存在的就业能力问题，严重影响了高职大学生的就业水平和人才培养的实际效果。

1. 缺乏较高的职业规划能力

高职大学生难以对自己的能力有清晰的定位、认识及判断，致使学生无法选择合适的工作，无法发挥自己的优势，进而造成高职大学生就业难、慢就业等问题，甚至有部分学生出现就业积极性差等现象。究其原因在于学生缺乏较高的职业规划能力，无法准确把握自己的实践能力、综合素质、理论知识及专业技能，使就业过程过于理想、过于盲目。要切实转变这一不良状况，需要高职院校结合学生实际，重构就业指导体系，使高职大学生更好地结合经济新常态的发展特征，构建出科学的职业发展方案。

2. 技能与理论还不够扎实

现阶段我国高职院校设置课程存在不够科学的问题，导致工学结合、校企合作、就业指导等工作难以达到理想的效果。高等职业教育的优势和特色还不够突出，对学生实践能力、理论知识的培养力度较为薄弱。此外，由于高职院校的办学宗旨是培养出服务区域经济、地方经济的应用型、复合型、创新型人才，使得学生的理论基础不如本科生和研究生，难以充分地将理论联系实际落到实处。要切实解决此类问题，就需要课程设置与专业教学形成实践与理论并重的教学理念，加大"双师型"师资队伍的建设力度。

3. 职场要求与自身素质脱节

适应力是学生个体适应某项任务或工作所具备的心理与生理层面的基本特质与综合素质，是后期养成与先天遗传在社会环境影响下所形成的能力。然而根据实践调查与理论研究能够发现，我国高职大学生的职业素质与职场要求间存在明显的断层，这种断层是影响经济新常态下高职大学生就业发展的重要因素。首先，高职大学生缺乏企业现代化发展所急需的创新能力、合作能力及问题分析能力。其次，高职大学生的专业能力、综合素质与市场需求之间的差距较大，难以满足企业对创新型、应用型及经验型人才的发展诉求。

二、高职毕业生现状

（一）就业能力的调查结果分析

就业能力是符合法律规定的劳动者获得某项岗位的全部能力的总称。一个人想要顺利地找到工作，就必须具备一定的就业能力。通用就业能力通常是指能够获得初次就业、保持就业及在就业之后能够胜任本职工作的基本能力和素质，它由基本工作能力、职场语言能力和个性心理特征三个相对独立的成分共同组成。通过调查发现，高职大学生的工作能力较强，尤其是动手能力强于其他毕业生，符合技能型岗位需求；语言能力很差，尤其是外语水平相对很低，不能满足工作岗位的需要；个性心理特征方面，其观察力、记忆力、运动能力和特殊（专业）能力表现比较明显，心理活动稳定性有待提升，性格的个体差异很大，良好的学习习惯有待加强。

（二）就业规划调查结果分析

正确的职业选择应兼顾兴趣爱好和未来的发展空间，但事实上，在笔者于高职院校的调查中发现仅有 24 % 的人在择业的同时考虑了这两个因素；有 31 % 的同学是先就业后择业的观点；在四个选项中占比最大的 36 % 是对择业没有太多考虑的同学，在与他们的深入交谈中了解到，很多同学认为高职毕业生能找到工作就不错了，根本没敢考虑专业的选择。毕业后有创业的计划的同学仅占 3 %（图7-1）

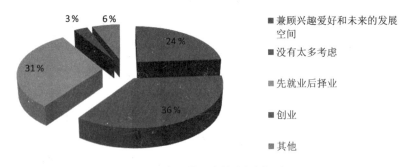

图 7-1 高职毕业生就业规划调查

（三）就业渠道的调查结果分析

针对就业前景的预测，因专业前景及个人情况不同，同学们会有不同的想法。通过调查发现（图7-2），就业前景比较光明的专业，同学们的就业心态就比较乐观；比较传统的专业，毕业生就会选择就业压力比较大的选项。由此，应更加关注学校的就业推荐平台及就业推荐工作的力度。

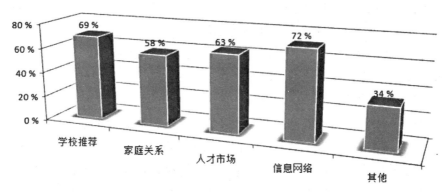

图 7-2　高职毕业生就业渠道的调查统计

（四）择业意向及影响因素分析

职业选择和就业是每个大学毕业生必须面对的问题，这种问题在高职院校表现得尤为突出。在传统的就业市场（更注重学历的就业市场）中，高职毕业生作为"弱文凭"的持有者，面对当前严峻的就业形势，处于相对劣势，其承受着更大的压力，如何使高职毕业生顺利就业，已成为高职院校在教育教学完成过程中需要解决的首要问题。经过对调查对象的认真分析，笔者认为高职大学生就业难的原因很多：大多数学生认为自己学历偏低、缺乏就业所需要的能力、经验与技术不足、对于职位和薪资期望过高等。这些调查结果表明，高职大学生往往对自身的认识有一定的偏差，忽略了自己的优点，放大了缺点，造成自卑感强烈。受传统就业观的影响，大多数用人单位都还将学生的学历作为重要条件和门槛，而在就业中并不过多考虑就业者的技术优势。针对高职大学生的这些心理特点，高职院校应该给予学生更多有效的就业信息、择业技巧、职业和心理指导。

（五）就业价值取向的偏差及原因分析

1.就业取向偏差的表现

（1）学生就业认知偏差

随着高等教育的普及，全社会学历水平普遍提升，公民的知识面的广度和深度日趋增大。当前高职毕业学生，在自我认知和社会需求分析上都存有偏差。他们不能正视当前大学生的就业岗位和多年前大学生岗位选择的差异，以及社会对大学生就业去向的需求较 10 年前或者 20 年前的差异。当前，高职大学生或受新闻媒体或受家庭亲朋的影响，都不愿意前往生产一线从事生产工作，而更愿意待在大城市的格子间里做白领的工作，并认为这较于生产一线更能获得尊重，是取得事业成功、社会认可的重要途径。

（2）家庭的就业观对学生的就业影响较大

高职大学生处于人生观、价值观和世界观成长成熟的阶段，但是受家庭多年的耳濡目染，学生在入学之前就已经建立了三观认知，或者说是原生家庭的"三观"认知。很多的学生受家庭的影响，在大学期间的学习目标往往更聚焦于学历本身，而并不太关注专业的重要性。大多数学生的家庭教育都不太认同第二产业（工业）及技术类的就业方式，而比较看重第三产业的相关行业，尤其是金融服务、信息服务、通信服务等，他们认为这样的就业形式更为体面和舒适。

2. 价值取向的影响因素

（1）学生不了解行业、不了解岗位

学生对某些职业的认知往往取决于课堂和新闻媒介，以及身边家长和亲朋的评价，并没有真正了解行业近期的发展近况，也不了解用人单位对人才的需求和各个岗位职业生涯发展的具体趋势。所以，大多数学生会因为某些职业的重工业性质，或者企业工作的收入水平不具备太大优势，而不选择对口就业机会。

（2）学生职业认同的思想教育缺失

当前的高职大学生的职业认同往往片面地与经济基础直接挂钩，这不仅影响学生的择业方向，还影响学生的就业积极性。前几年，房价上涨较快，很多专业的学生在就业期间放弃专业，都纷纷进入房产销售行业。虽然，房产销售短时间内收益很大，但是随着国家相关房产政策的出台，大部分入行的学生纷纷面临失业。学生对职业的认同不能单纯地与金钱挂钩，教师要从思想教育的层面上，从长远角度来引导学生，提升学生的价值观，培养学生争做社会有用的人、被社会需要的人。

（3）专业教育过于理论化，实验实训教育占比较低

某些技术类专业学生在校学习的时候，对专业的认知和行业的认知存在一定的距离，在校的教育更多的偏于理论知识的学习，实践课程大多也是安排在学校里，这就产生了学习环境和实际工作的脱节。

三、高职毕业生高质量就业的探究

（一）"00后"高职大学生的就业心态特征

现如今，高职院校的学生大部分都是"00后"。21世纪初，我国进入加速发展时期，"00后"的成长环境逐渐变好，社会环境发展逐渐平稳和谐。由于21世纪互联网的高速发展，相对于"90后"来说，"00后"上网时间更多、接触到的信息面更广、接触到的新事物更多，因此"00后"在思想上更加活跃。同时，受国家计划生育政策影响，"00后"大多数是独生子女，因此从家族中享受到的爱也更多，导致"00后"的韧性及对生活的包容性较低。从整体上来说，"00后"更加勇敢，冒险精神较强、判决性较强，勇于挑战权威，更加注重自身的发展。不过，相较"90后"来说，"00后"比较缺乏团队合作精神，更加喜欢独立完成任务，一部分"00后"容易好高骛远，做事容易半途而废。

"00后"在一个相对平稳的时代成长，形成了鲜活的群体。现在，"00后"群体逐渐进入社会工作，也逐渐成为我国社会劳动群体的重要组成部分。"00后"的就业心态是能够充分反映一个城市社会劳动就业环境的因素之一。北京某高职院校针对该校2020级毕业生的调查显示，有超过70%的高职毕业生认为现在我国的就业形势非常严峻，但同时又有超过60%的应届高职毕业生面对未来就业依旧保持乐观的心态。其中，有40.8%的学生是认识到近期就业形势严峻但保持良好心态的；有31.4%的应届毕业生认为近期就业比较困难；有21.6%的应届毕业生认为就业形势很好；剩下6.2%的学生对现在的就业形势表示没什么感觉。

随着"00后"高职毕业生个人意识的加强，对于就业岗位的要求越来越高。很多的高职毕业生选择传统职业岗位就业。但由于我国科技的发展及受新冠疫情的影响，能够提供传统职位的中小型企业发展异常困难，造成主要选择以中小型企业为就业单位的高职毕业生就业愈发困难，因而应届高职毕业生面对择业就业更为焦虑与不安。

（二）高质量就业内涵的嬗变

高质量就业的提出有其理论和实践背景，总体上沿着"就业—就业质量—高质量就业"的过程发展。20世纪70年代，美国最早提出"工作生活质量"这一概念，开始关注就业对员工健康和福祉的影响及员工的工作满意度。20世纪90年代末一些拉美学者开始系统研究经济全球化对就业者的深度影响，首次提出了"就业质量"的概念。国际劳工组织（ILO）1999年首次使用了"体面劳动"一词，用以强调就业者的权利、收入、社会保护及足够的岗位。有学者认为，"体面劳动"基本含义包括了就业数量和就业质量，但以就业质量为主。国内学者在就业质量的基本概念上达成了共识，一致认为就业质量是反映整个就业过程中劳动者与生产资料相结合并取得相应劳动收入的具体状况的优劣程度的综合范畴。

国外的一些学者将高质量就业看作是一种获得挑战性和满意感工作的能力，同时还设计了一些专业指标来衡量就业质量，比如加拿大帝国商业银行（CIBC）用相对就业补偿、就业稳定性、全职等量就业比重三个指标对就业质量进行测评。国内一些学者认为，高质量就业是指劳动者工作稳定、劳动报酬较好、社会保护比较充分、劳动关系较和谐、就业能力不断提升的就业状态。高质量就业更多关注的是就业结构、机会、环境、能力、劳资关系等。

（三）高职毕业生高质量就业的现实困境

1. 国家层面

当前世界经济仍处在国际金融危机后的深度调整期，我国也面临劳动力总量过剩、结构性失业、人口老龄化的交织叠加，经济下行压力加大。仅 2019 年，我国新增城镇就业人口就高达 1352 万人，连续 7 年保持在 1300 万人以上。近年来，每年的高职毕业生人数都超过 800 万，庞大的就业基数给高质量就业带来巨大的压力。同时，影响高质量就业的不稳定、不确定的因素正在增加，如中美贸易摩擦、新型冠状病毒肺炎等对高质量就业的影响还将持续。

2. 企业层面

目前，不少企业正经历着"就业难"与"技工荒"并存的结构性矛盾。为了节约成本、提高效率、提升品质，企业纷纷引入人工智能技术和现代生产设备，这种变化一方面造成了"有人没工作"的局面，传统的"低学历""低技能"劳动者失去了竞争力；另一方面也出现了"有工作但没人"的现象，一些企业招不到能胜任新技术、使用新设备的技术人员。

3. 个人层面

国外一些经济学家从收入高低、工作是否稳定、工作条件好与差、培训与晋升机会多与少的方面，对劳动力市场进行了"主要"和"次要"的二元制分割，指出这两个劳动力市场之间的流动较少。具体到高职毕业生也可以发现类似的现象。一是"进门难"，高职毕业生目前主要还是在次要劳动力市场就业，在进入主要劳动力市场的过程中处于劣势；二是"流动弱"，高职毕业生想从一个次要劳动力市场（就业质量不高的岗位）到主要劳动力市场（就业质量高的岗位），阻力比较大、机会也比较少。

（四）学校提升高职毕业生就业质量的策略

1. 构建高质量就业服务体系

（1）定向领航，建立健全就业工作服务机制

①以"一把手工程"把关全校的就业工作。设立由校长担任组长，分管就业工作、学生工作、教学工作的校领导担任副组长，相关部门负责人和各二级学院负责人为成员的校级毕业生就业创业工作领导小组，统筹协调并全面推进全校就业工作；各二级学院应组建由书记担任组长的院级毕业生就业创业工作领导小组，其执行机构与学院综合办合署办公，配备专职人员；各班组建若干就业帮扶小组，配备学生就业联络员，上下联动形成"校—院—班"三级就业工作服务机制。

②积极发挥教师、校友的领航作用，充分发动专业老师、校友资源，广泛开展深层次就业创业合作，推荐企业帮助学生就业，形成多方合力关心、支持、参与、推动就业工作的新格局。

（2）"三站一路"，铺设毕业生高质量就业新通道

①建立职涯规划测评站。与专业机构共同研发职业生涯 App，在就业指导部门设立职涯规划测评站，在全校范围内集中培训、测评，形成学生个人职业生涯规划测评报告，建立个性化的职业生涯成长档案。

②建立就业服务信息站。依托就业指导服务中心平台，以"百校联动就业"和"高职院校就业联盟"活动为支撑，着力打造"一体两翼"信息平台，将企业需求信息、就业创业政策、就业手续办理流程、求职技巧等通过点面结合的"微交流"方式推送，为学生提供个性化就业定制服务。

③建立创业创新服务站。坚持"促机制、重保障、抓课程、造氛围、强实践"的创业工作思路，聚合校内外资源，以创业园为基地，以创业基金为保障，以课程建设为抓手，大力打造创客文化，营造全校创新创业的氛围，变"要我创"为"我要创"。

④畅通困难生就业"快速路"。动态掌握困难学生的就业情况，打通就业服务"最后一公里"，精准建立"校—院—班"三级困难毕业生就业帮扶任务清单、稳岗清单和责任清单，责任到人，用数据清单铺设困难生就业的"快速路"。

（3）多措并举，激发就业工作内动力

①稳住基本盘。要结合自身专业及行业背景，主动对接政府部门、行业企业，

开展大、中、小型招聘会、宣讲会，有针对性提供就业岗位。通过学校组织的招聘会、就业网站、就业 App，为毕业生充分就业奠定基础，稳住高质量就业的基本盘。

②筑牢兜底线。利用信息平台建立就业预警机制，动态掌握毕业生的就业情况，实时跟进毕业生未就业的原因，重点关注女生、少数民族学生、家庭困难学生和残疾学生的就业情况，制定就业帮扶方案。联合相关部门，实施毕业生求职能力提升工程，开设职业生涯规划、就业指导等讲座，分类指导毕业生参与应聘。

③拓展新增量。一方面，要系统分析毕业生、主要就业行业和就业的实际状况，将各级各地有关就业创业的政策用全、用足；另一方面，要结合自身的行业背景、校内外资源积极拓展高质量就业基地，同时打造"行业专场""当地名企专场"等特色品牌，以品牌效应吸引高质量企业和岗位。

2. 调整课程结构，根据市场需求培养专业人才

从新冠疫情暴发至今，高职毕业生的求职就业活动迎来了全新的挑战，但从某种意义上来说，也给一些行业带来了机遇。在疫情的影响及冲击之下，医疗行业、虚拟经济、云服务、物流业及线上教学等行业获得了发展机遇，并且表现出较大的发展潜力，对于人力资源的诉求也超越了以往。有鉴于此，高职院校应当对自身的学科、专业及课程加以调整，以便能够为市场培养和输送亟须的人力资源。高职院校的就业指导部门应当积极寻求同企业的深度合作，以便能够为学生提供更多的就业实习平台，如此一来，将确保学生在校求学期间能获得宝贵的职场经验，有助于学生养成良好的职业素养，做好正式求职就业之前的心理准备。

3. 以"双创"促进就业，扩大就业渠道

高职院校应当发挥双创教育的优势，以此来达成就业与创业彼此促进、彼此补充的目的。依托双创教育的系统及深入开展，让学生实现高质量就业。在高职院校开展和实施双创教育的过程之中，应当秉承"广覆盖、全过程、普受益、可持续"这一指导理念，完善双创保障机制，以此确保双创教育真正发挥应有的效用。通过对学分制的完善，将学生的创业创新情况纳入学分考评之中，以此来确保学生对创业创新活动形成足够的关注、重视与投入。同时，高职院校应当鼓励具备条件的学生进行创业实践活动，依托"互联网＋"创新创业大赛的形式，让学生自由组队、自主遴选和设计创业项目，投身于创业大赛之中。高职院校应当在校内打造创业孵化器，为学生的成功创业提供硬件资源的支持与保障。

4. 强化职业认知，加强职业价值观教育

现阶段国内高职院校的职业价值观教育通常在大三组织实施，不过在这一阶

段，学生的职业价值观已经形成，即便接受了校内的职业价值观教育，也很难改变其已经形成的观点和理念，同时，在学生离校之际组织职业价值观教育活动，多少有形式主义之嫌。有鉴于此，高职院校应当改变职业价值观教育的时间点，也就是说，从学生刚进入高职院校伊始，便应当开设职业价值观教育活动，这样将更好地让其形成科学的职业价值观。同时，高职院校就业指导教师应当密切关注学生的心理变化，在发现学生出现职业价值观波动时，应当及时加以干预。同时，就业指导教师实施职业价值观教育过程之中，必须注重理论教学同实践教学活动相结合，以避免空洞的理论讲解难以使学生产生足够的情感共鸣。依托校企合作的模式，让高职院校及时了解和掌握市场对于高职毕业生的职业素养要求，同时亦能够依托这一模式，为学生提供实习锻炼的契机，使学生的适应能力得到增强、团队协作意识得以形成，洞悉和发现自身在知识及技能方面同企业实际人力资源诉求之间存在的短板，如此便可以让高职大学生调整自身的求职就业预期，更好地实现个人职业生涯规划。

5. 加强就业心理咨询，帮助学生形成良好的就业心理

正如本书在前面所指出的那样，面对日益严峻的就业形势，高职学生背负了极大的心理压力，这些压力如若未能得到有效缓解，将对其身心产生诸多不利影响。有鉴于此，高职院校应当加强就业心理咨询工作，安排心理辅导教师负责学生的就业心理调适工作，在心理辅导室面向学生提供专业的就业心理辅导，以此来帮助学生释放不良情绪，强化自身的心理抗压能力，如此方才可以确保学生逐渐养成良好的就业心理，使学生从容应对各种挑战。

6. 强化就业指导，使学生形成良好的就业理念

高职毕业生的求职就业成功率将直接关系到职业教育的成功与否，并且对于社会的稳定发展亦产生着一定的影响。有鉴于此，高职院校在重视理论教学及实践教学的同时，不应当满足于仅仅开设一门就业创业课程，而是应当对高职大学生进行系统的就业指导，让学生在校期间能够形成正确的求职就业理念，形成良好的就业心理，不再浮躁，不再产生好高骛远、不切实际等心理。高职院校应当引导学生形成正确的就业观与择业观，并做好求职就业之前的心理准备，科学、合理地规划自身的职业生涯。在帮助学生充分认识就业形势的前提之下，让其能够放下心理包袱，从容迎接求职就业活动。高职院校的就业指导教师应当使学生意识到，并非只有大企业、大公司能够让其实现自身的价值，小企业一样能够让其理想得到实现。此外，高职院校就业指导教师应当向学生介绍和讲解就业过程中可能遇到的各类问题及潜在的风险，使学生能够在遇到问题时理性的应对和解

决，并实现对风险的有效规避。

第二节　高职大学生常见的就业心理与调试

在高职大学生就业中，大部分会表现出较为常见的心理问题。尤其是随着高等教育的普及，自主择业的策略给高职毕业生带来自由的同时，也带来了就业压力。学生就业面对的竞争更加激烈，部分心理素质较差的学生很容易出现心理问题。高职教师应该针对学生在就业中可能出现的心理问题进行正确的引导，使学生实现本应属于自己的价值。

一、就业心理的实质

高职大学生的就业心理是指高职大学生在求职的准备阶段到求职过程中思考就业问题时所产生的心理。高职大学生的就业心理存在于其整个大学生涯和毕业后的求职过程。部分学生会针对自身实际情况、立足自己所学的专业、结合自身发展方向制定职业规划。但是面对陌生的就业环境，很多学生的心理是脆弱的，出于对就业环境的害怕、对人际关系的紧张和对岗位要求的不自信，往往会产生紧张、焦虑的心理。

二、高职大学生就业的一般心理特点

结合高职大学生就业心理状况，其特点体现在以下方面。

（一）积极型

根据高职大学生的基本特点，部分学生具有较强的就业欲望，在日常学习中，会注重这方面能力的锻炼，通过锻炼提高就业素养，为职业发展提供保障。

（二）现实型

对于高职大学生而言，一些人在就业选择中较为注重收入，部分学生注重未来的发展，如果这类学生的既定目标发生偏差，就会影响就业选择。

（三）自卑型

对于部分高职大学生而言，由于自信心缺乏，在就业选择中，通常缺少明确性目标，即使单位工作不符合预期，也不会影响从业选择。

三、影响高职大学生就业心理的因素

（一）个人因素

1. 负性情绪的影响

结合高职大学生就业现状，学生在成长中虽然对职业发展有着清醒的认识，但是，由于就业环境的特殊性，学生在这种环境下会出现较为明显的负性情绪。而且，不同阶段的学生表现的心理认知也不同：第一，对大一学生，在这一阶段的学习中，对未来的职业发展具有一定的期望；第二，大二阶段，由于不断成长，学生会认识到就业市场的欠缺性，出现了"等、靠、要"等不良心理，这会使学生消极对待职业发展，从而影响职业素养；第三，到了大三阶段，学生认识到就业的问题，但是，在面对社会及职业规划时，会出现焦虑的心理，这种情况会影响学生的认知，出现职业发展及职业规划不合理的问题。

2. 职业规划的影响

通过对高职大学生就业现状的分析，在就业选择中，大部分学生会按照自己的喜好选择职业，导致职业选择出现盲目性。例如部分学生在职业选择中，缺少理性思维，对应聘单位的了解及认知不足，无论职位是否适合自己，也会盲目选择，这降低了学生的求职成功率，也影响了学生的岗位适应能力。而且，部分学生在职业规划中，受到就业自信心不足的限制，会产生较为强烈的自卑感，这会增加学生的消极认知，无法实现职业规划及学生职业发展的目的。可以发现，高职毕业生在就业的时候还存在较多的问题，高职教师应该根据现在社会对人才的需求及学生在面对就业时出现的问题，对学生进行适当的教育，提高学生的心理承受能力，强化学生的职业素养。

（二）家庭因素

家庭教育对学生成长具有潜移默化的引导作用，对学生性格、"三观"等方面有着非常重要的影响，家长的受教育程度与素养影响了家庭教育的最终成效。然而，部分学生缺乏良好的家庭教育，在就业时出现了各种心理问题。第一，部分家长传统思想观念根深蒂固，对自己孩子的就业意愿缺乏足够的尊重，无法对孩子进行科学的就业指导，甚至反对孩子外地就业或选择临时性就业环境。第二，部分家长文化水平有限，受教育程度参差不齐，在孩子就业时无法给予合理、客观、可靠的建议，无法很好地指导孩子就业，无法帮助其确定合理的就业目标与方案。第三，部分家长忙于工作，难以时刻关注孩子的思想动态，没有时间对孩子的思想进行正确引导，孩子不能实时向家长倾诉自身的烦恼与困惑，家长察觉不到孩子的不良心理状态，致使其思维出现偏差，没有形成正确的价值观，在后续求职过程中出现各种心理问题。第四，目前部分家长秉承传统教育观念，认为自己孩子的就业需由教师全权负责，在孩子求职的过程中不给予相应帮助。但实际上，家长对孩子的就业引导具有极其重要的作用。相对于教师，家长是孩子更愿意亲近、信任的对象，家长需重视孩子就业心理问题，给予孩子正确的就业指导，防止其产生自卑、焦虑等心理。家长应与孩子积极沟通交流，尊重他们的思想，并有效引导他们确立适合自己的就业目标和方向，帮助他们树立正确的价值观念，最终顺利就业。

（三）社会因素

随着社会的发展，人们的自我意识逐渐增强，学生的学习环境与成长环境日渐复杂，较多干扰因素对学生的日常学习生活产生了实时影响，不良的思想风气对学生的价值观造成侵蚀，学生的思维极易出现偏差。社会环境作为影响高职大学生就业的重要外部因素之一，对学生"三观"与个性的形成具有非常重要的影响。当前，拜金主义、享乐主义、功利主义等不良社会风气严重影响学生的思想与行为，不利于学生身心健康发展。另外，随着我国国民受教育程度不断上升，高职大学生在当前社会认可度较低，甚至受到一定歧视，部分知名企业招聘人才的标准逐渐提高，高职大学生的求职过程越发艰辛，他们四处碰壁，其中一些学生逐渐丧失求职信心，缺失求职兴趣，无法形成积极向上的求职态度，不能在求职过程中不断进行自我反思，逐渐产生一些心理问题。

四、高职大学生常见的就业心理问题

（一）高职大学生出现就业心理问题时的表现

1. 受疫情影响以保证生命健康为由"害怕就业"

此种情况多发生在家庭经济条件好一些的毕业生或者周围人有感染疫情的毕业生身上，因为家里人对孩子的生命健康过度关注，加上因为疫情所带来的高焦虑情绪的推动，导致家人和毕业生的思维关注点一直都是疫情的负面信息，越关注越消极评价就业，夸大就业的危险性，从而导致害怕就业。

2. 心理能力不足而频繁参加各种技能培训导致"延迟就业"

这类毕业生跟目标明确的升本或考研的毕业生是有本质区别的，他们对技能和学历本身并不积极向往，而是因为担心焦虑自己不能很好地胜任工作，还有一部分是在找工作中遇到对职业院校毕业生的学历歧视而形成了一种潜意识焦虑情绪，也就是自己意识不到或者意识到了也控制不了的情绪状态。在焦虑的推动下，为了更好地武装自己而参加技能培训。但因为是心理上的焦虑高导致的，参加完一种培训，焦虑仍旧存在，因此就继续参加其他种类的培训，一直在为工作准备而延迟就业。

3. 由于自卑心理或遇到就业挫折导致"低质量就业"

这种情况多出现在家庭贫困或者生活在乡镇的毕业生，或者在实习或之前打工、找工作过程中体验了失败经验的毕业生。经济困难毕业生在求学和生活中遇到的困难是复杂的，一些困难长期困扰着他们，从小生活的艰辛，培养了他们勤奋、不怕困难、容忍度强等优秀品质的同时，也容易形成自卑感强、对环境适应慢、缺乏沟通能力、人际关系敏感等问题，制约着他们的全面发展，消极评价自己的能力，面对高质量的职位时产生自动逃避或退缩的行为，为了尽快参加工作来解决家庭的生活问题，更愿意去承担风险较小但能马上获得回报的服务工作或零散工作。

4. 由享乐主义心理产生的"拒绝就业"

这类毕业生虽然比例不多，在这几年却呈现上升趋势，数据多呈现在城镇生活的毕业生，对工资要求特别高。这实质上不属于心理问题，属于思想领域的人生观、价值观等问题，在焦虑自评量表中，焦虑值也偏低，干预起来也偏难。这类学生很难体会到责任感和担当甚至成就感，对职业没有太多的追求，家里经济条件好也不着急就业，如果工资和工作环境达不到要求宁愿在家享受。这类毕业生容易在实验中不赞同主流思想而拒绝继续试验。还有部分毕业生因为之前工作中体验过不愉快或挫折，或者感受到工作的辛苦，从此不愿意去面对，不愿意承受工作中的制度、约束和辛苦。

5. 由于对职业生涯规划不足导致"随意就业"

虽然说疫情防控期间，我们鼓励先就业再择业，但有些毕业生因为缺乏更有发展性的职业生涯规划，对未来迷茫，只要有工作就去干，选择很随意，遇到问题就换工作，对自己的特长、专业和将来的发展没有很好的规划。

6. 对创业缺乏经验和指导而导致"不敢创业"

大多数高职毕业生缺乏创业过程体验、又没有创业资金，创业过程中风险预知和规避能力很弱，加上疫情的暴发导致很多大学生创业失败，所以对创业容易情绪悲观低落而失去尝试的勇气，加上高职大学生关注技能的获得，对国家出台的支持政策的领悟和运用不足，导致很多毕业生不敢创业。

（二）高职大学生常见的就业心理问题

不同的高职毕业生在就业认知、就业偏好等方面表现出显著的不同，这种差异性造成其在求职就业过程中的心理表现迥异，不过亦存在着共性的表现，这些表现涵盖下述几点。

1. 迷茫心理问题

对于三年制大专的高职大学生，其实际在校学习专业知识的时间不超过两年，两年时间一到就需要进入实习阶段，很多高职大学生缺乏对未来的具体规划，进而产生迷茫、不自信等心理，难以对自身进行准确定位，无法明确自身的求职需求，导致自身在面对工作环境、工作地点、工作性质等内容时难以正确抉择。

2. 就业焦虑问题

当高职毕业生未能实现精准的自我定位，其便会在实际求职就业的过程中感受到挫败感，导致其精神层面十分焦虑。此种焦虑情感如若不能得到缓解，则会让其求职就业活动变得更为困难。

3. 自卑心理问题

高职毕业生在求职就业过程之中会意识到自身在学历、知识储备等方面落后于本科毕业生，特别是在其遇到来自社会层面的负面评价时，便会在心理层面产生自卑情绪。

4. 抑郁心理问题

在学业的压力之下，一些高职大学生会产生抑郁情绪，这种负面情绪通常会显露于其将离校的阶段，会造成部分高职大学生对求职就业丧失信心。

5. 预期过高问题

在高职毕业生求职就业的过程中，受自身理想信念的影响，极易对求职就业产生过高的期待。一些高职毕业生认为自身无论是从知识储备、技能掌握方面，还是待人接物方面不比本科生差，故而自己理应获得较好的职位，同时其亦存在眼高手低的情况，不愿意从基层做起。特别是随着自媒体技术的问世与兴起，主播这一新兴职业让高职毕业生拥有了更多的选择，部分高职毕业生认为可以凭借较高的颜值来获得一份高收入的工作。这些高职毕业生对于基层工作有着本能的排斥心理，不屑于从底层做起，而是希望自己能够一步登天、一步到位。可以说，这些高职毕业生的内心较为浮躁，其对于新鲜事物有着较高的参与热情，不过这种热情难以持久。

五、高职大学生就业心理问题的调适

（一）高职大学生就业心理问题指导现状

1. 高职大学生就业心理指导呈现出"年级差异"和"时间差异"

目前，我国部分高职院校的就业心理指导工作还处于探索阶段，并未形成完善的指导体系，其中部分教师甚至片面地认为就业心理指导只需要针对毕业生，对于低年级学生实施就业心理指导为时尚早。大多学校的就业心理指导无法贯穿大学，因此存在明显的"年级差异"。每年的春秋季是大学生心理问题的高发季节，因为每年春秋季的招聘会给在校大学生带来求职压力。尤其是高年级学生，在毕业离校前后，其就业心理问题会"爆棚式"增加。

2. 高职大学生就业心理指导人员缺乏经验，指导形式和内容过于简单

高职大学生就业心理指导工作是大学生就业指导中心最重要的工作之一。大学生就业指导中心的工作人员不仅要有丰富的就业指导工作经验，还要具备一定的职业心理学、人力资源管理、社会学等理论知识，即理论与实践缺一不可。目前，高职院校就业指导中心的教师大多是由学工处的领导干部或行政教师担任，他们对学生的日常管理工作很擅长，但对于就业心理指导工作，他们专业不对口，缺乏理论支撑，而且没有相关的从业资格证，无法对高职大学生进行科学有效的指导。高职院校就业心理指导工作大多采取谈话、举办讲座、填写调查问卷的形式展开，内容基本围绕就业政策、求职信息、求职中可能遇到的问题等方面。这些心理指导涉及的基本都是一些共性问题，形式和内容比较单一，而这恰恰是目前高职大学生就业心理指导工作的短板。

3. 高职院校就业心理指导与大学生就业需求存在较大差距

随着高职毕业生数量的增加，高职大学生对就业心理指导的需求日趋增加。但是部分高职院校的就业心理指导工作在帮助高职大学生树立职业生涯意识和建立正确的求职心理过程中发挥的作用较小，二者处于不平衡的状态。当前，高职院校就业心理指导工作面临着巨大挑战，如就业指导不够科学化、系统化、专业化和常态化；对毕业生就业的跟踪调查等后续工作也不够完善。这样既满足不了学生的咨询需求，也不能顺应社会发展的趋势。因此，高职院校需要建立新的就业心理指导机制来帮助高职大学生改善就业心理。此外，在网络环境下，各种就业信息纷繁芜杂，信息来源渠道较广，真实性得不到保障。高职院校需要安排专业人员对这些信息进行系统的甄别和汇总。但是部分高职院校专业人员的岗前培训不到位，专业人员的配置、办公条件等都不能满足当前就业指导工作的需要。

（二）高职大学生就业心理问题的调节方式

1.对学生进行就业心理疏导，降低心理压力

就业指导是对高职毕业生就业前景、就业方向、就业技巧予以引导。现在大多数高职院校还是没有将学生的教学和技能训练进行有效结合，在对学生的教育中还是以教学理论知识为主，导致很多毕业生对本专业的发展方向了解不够充分，对今后应该做什么很迷茫，需要加强毕业生对职业的了解。教师在教学中需要向学生传递先就业、后择业的思想，并植入学生的内心深处。有很多高职大学生对于现在的就业形势不够清楚，在就业中很容易产生盲目自信心理，教师加强就业指导，可以使学生在就业前对社会和自身的能力有大致客观的认识。

教师可以通过信息化的途径为学生展示现阶段的择业中需要注意什么，学生可以在视频中对现在可能会遇到的就业问题进行认识。很多毕业生在毕业后面临的第一个难题就是不知道应该从事什么工作，对自己的未来非常迷茫。教师可以对学生进行提问："你们在毕业后，想要做什么工作？"学生可以自由举手回答，讲述想法。在学生的举手发言中，可以对自己内心有更加深入的认识，还可以对他人想要从事的行业进行了解。学生之间还可以交流对就业的担心，以及希望自己以后可以成为什么样的人，学生可以将内心的想法和他人进行交流，从而解决心理问题。

2.引导学生全面了解自己、接纳自己

很多学生对自己不够了解，导致在就业的时候不知道应该从事哪一方面的职业，所以教学中，教师要引导学生全面分析自己的特长、专业的特点，根据实际情况进行职业的合理选择。很多毕业生在就业之前没有认真地思考自己有哪些方面的特长，也没有针对就业中可能出现的情况进行了解。这都需要毕业生毕业前认真思考，有哪些是自己擅长的，哪些是自己不擅长的，这些都应作为学生选择职业时的重要参考。学生在了解了自己的专业特点以后，就可以明确目标，减少就业中的盲目从众和焦躁等心理障碍。部分学生还可以根据自己的气质和性格选择适合自己的职业。有很多职业有自己的特点，虽然学生可以选择从事，但这个职业不一定最符合学生的气质和性格。教师要引导学生发挥主观能动性对自己的气质进行分析，从而找到对应自己气质的职业。例如教师需要引导学生合理思考，谁都会遇到困难，但遇到困难和挫折时能理性思考的人很少，面对现实改变不现实的想法更难。在当前就业困难的情况下，高职毕业生会遇到就业困难，很多毕业生会多次碰壁，这就需要他们合理分析自身优缺点，分析挫折原因，及时调整

心态，自我助力。高职毕业生在选择工作时遇到缺乏自信的时候，应该学会通过自我激励调整自己，自我激励可以使人放松。例如为了增强自信，暗示"我是最棒的"等。对一些学生来说，会觉得这些单位太好了，他们的学历太低了，不敢为之奋斗，所以他们不会得到想要的工作。我们要认识到这个现象。学生还应该学会放松。很多毕业生在面试时特别紧张，这是毕业生的正常心理反应，需要适度的张力。在这个时候，应该学会放松自己。例如可以对自己说："这只是一份工作，没有必要过于紧张"。也可以深呼吸，握着自己的拳头缓解紧张，安慰一下自己。失业后，很多毕业生很低落，这个时候，他们可以适当安慰自己，排除负面情绪。可以对自己说，"别害怕，有更好的工作等着你"。遇到挫折后，他们可以通过适当的宣泄排除负面情绪。例如可以向亲戚、朋友、老师、同学倾诉，或者为了倾诉而写日记，也可以通过写作、运动发泄负面情绪，当然发泄时，需要注意机会、身份和气氛。

3. 改善学生的心理问题，促进学生养成积极的心态

很多没有找到工作的毕业生的心理问题首先是自卑，在一次又一次的找工作的过程中经历了一次又一次的失败，会影响和打击自信心。有些毕业生认为自己的能力不如身边的人，从而怀疑自己的能力，有些学生因为找不到工作而埋怨父母给予的资源不够。这是毕业生在社会压力下容易产生的否定心理，也是正常和普遍的心理表现。主要原因是工作选择上的空虚、过度倒退、对眼前的工作缺乏信心、害怕为良好的工作机会而战。也有嫉妒他人的学生，看到身边的同学个个都找工作和雇主签约，自己总是找不到理想的工作，觉得很嫉妒身边同学。毕业生之间存在能力上的差异，在进行择业的时候，也会出现不同的情况，嫉妒会让朋友变成敌人，可能造成紧张的人际关系。还有的学生自我逃避，会自我保护或自我防卫。在多次碰壁后，一些毕业生觉得没有能力找职业，很沮丧。为了逃避内在的痛苦，有的学生甚至选择轻生。毕业生心理上的就业障碍有很多原因，以学校教育和学生自身为中心，学校教育比较封闭，学生对社会缺乏了解，就业指导相对滞后，毕业生脱离社会现实。这些都是造成毕业生错误的自我定位的原因。在今天，由于物质条件的改善，大部分学生缺乏勤奋的精神，一些毕业生的心理素质很差。就业指导教师在教学中，需要让学生相互帮助和探究，鼓励学生之间能够形成良好的联系，互相讲述就业方向，让其他的学生给予建议，使学生之间可以形成良好的认识、积极的氛围，为就业带来良好的经验。教师可以将一些毕业生因为就业而出现的心理问题与学生进行讨论，将一些学生在就业中与他人的差异现象进行展示，引导学生进行分析，从而能够打好心理上的"预防针"。学

生可以看到由于能力上的差异，在就业中会有不同的情况出现，激发学生自我提升的动力，同时坚定学生的信心。

4. 引导学生掌握自我心理调整方法

对高职毕业生来说，心理问题最终还是需要自己解决，所以在实践中教师应引导毕业生掌握正确的心理调整方法。针对毕业生自我心理调整方法，主要是毕业生可以结合自身的发展需求、当前就业环境等，对自身心理进行调节控制，以更好地发挥出自身潜力，维持自身心理健康，消除就业心理问题。就业心理问题自我调适经常使用的方法包含以下几种。

（1）自我转化法

当学生出现就业不良情绪时，通过迂回的方法将精力、情感等转移到聊天、打球、跑步和画画等活动上来，这使学生的不良情绪得到明显的减弱或转移。

（2）自我慰藉法

学生在求职过程中遇到挫折或是困难时，通过自己最大限度的努力依旧不能改变，他们可以寻找一个自己能够接受的理由，获得一定程度的心理慰藉。

（3）适度宣泄法

在学生求职过程中遇到挫折时，可能会出现自卑、焦虑和依赖等不良情绪，此时应通过向教师或是同学倾诉的方法来缓解。

（4）松弛练习法

学生在专业的心理辅导人员指引下，通过打坐、呼吸和催眠等方法开展放松训练，便于让学生自身的焦虑、失眠、头痛和紧张等不良心理状况得到有效的消除或减轻等。

5. 帮助学生理性看待父母对自己的就业期望

在很大程度上，学生的就业压力实际来源于父母。孩子是父母情感的寄托，父母对孩子干涉过多已经成为社会的普遍性问题，尤其在就业问题上，父母对学生就业的态度和想法影响非常大。父母对学生的影响主要集中在以下四个方面。

（1）一些家长对子女的就业期望值颇高

这类家长不肯正视现实，对孩子的学业水平和竞争力也没有清晰的认知和定位，一心只想让孩子进入大公司，以此作为自己炫耀的资本。事实上，这类家长是把自己获得尊严的期望强加到了孩子身上，希望凭借孩子获得外界的认可。面对父母的掌控欲和高期望值，教师应建议学生不要沮丧、自我贬低或产生对抗心理；要理解父母的出发点，毕竟希望自己有面子是一种希望得到别人认可的普遍的心理现象，无可厚非；要鼓励学生摆脱对父母的心理依赖，摆脱来自父母的思想束缚和原生家庭带来的不良影响，重视自己的心理需求，锻炼自己的独立思考能力，形成自己独立的人格，由自己理性地规划人生。

（2）一些父母在就业问题上对孩子横加干涉

面对此种情况，教师应建议学生用同理心去尊重、理解和体谅父母的所作所为，应鼓励学生多用事实来证明自己，以获得父母的认同。在互相理解的基础上，平衡父母的期望和学生自己的期望，将之转化为家庭的共同目标。

（3）父母接受教育程度和对子女寄予的期望值正相关

有些受过高等教育的父母对孩子的期望过高，对当前的就业形势缺乏明确的认识，也不考虑孩子的实际情况，盲目地给孩子施压，对孩子想要应聘的企业也百般挑剔。但家长这种过高的期望给孩子构成了极大的心理压力。为帮助学生避免这些不必要的压力，教师应该与家长沟通，理性分析就业形势，思考择业目标的合理性和实施的可能性，转变家长的就业观念，帮助学生理性择业。

（4）一些较为强势的家长干扰学生对职业的选择

时代在发展，经济在增长，社会分工也日趋细化和合理化，在这种大环境下，很多新兴职业的岗位职责和工作描述，都远远超出了父母的认知水平和认知范围，如旅游体验师、游戏测评师等。处于这种家庭教育氛围中，由对职业和岗位理解相对模糊的家长来引导将来的就业方向，将显著影响学生的就业质量，对于学生日后的发展极为不利。教师要帮助这类家长更新就业理念，理解行业发展趋势，分析行业前景，与家长一起帮助学生确定毕业后的发展方向，做好个人的职业发展规划。此外，教师应建议学生在就业问题上，与父母进行经常性的沟通，多和父母阐述自己的想法及其合理性，取得父母的理解和支持，要注意和父母的沟通方式。可以建议学生将父母的意见作为参考，不可否认，很多父母可以用阅历帮助学生完善职业规划，但不同的环境塑造不同的价值观，家长的观点也可能存在一定的局限性，因此就业问题不仅需要家长的引导，还要鼓励学生保持思想的独立性，能够正确地认识和评价自己。可建议学生同时评估、平衡父母、老师和自己的想法，尊重父母的建议但不盲从。择业时要综合所有因素，分析利弊，既要看到涌现的机遇，也要看到未来可能面临的风险。让自己的职业规划、专业上的发展方向符合自身的性格、兴趣等，能够实现自我价值，而不是一味地听从父母的安排，满足父母的要求，按照父母的意愿生活。

第三节　高职大学生健康就业心理的培养策略

一、社会方面

高职大学生在就业初期会感到茫然、不知所措。他们着急就业，但又不知从何做起，甚至都不知道怎样找工作，所以压抑、焦虑、自负等心理会交织在一起。为此，政府要加强支持指导力度，为毕业生创造更多的就业机会。政府要保持就业渠道畅通，为高职院校毕业生发布就业信息，通过多种措施让学生深入了解就业市场。要将互联网的优势发挥出来，加强对毕业生的世界观、人生观、价值观的教育，鼓励、支持毕业生就业创业。政府要确保就业市场的规范性，保障就业环境的公平、科学，减少毕业生的就业心理问题。此外，要解决好社会中的性别歧视、学历歧视等问题，这对解决毕业生的各种就业心理问题有着重要意义。

二、学校方面

（一）学校应时刻关注就业市场，提升就业心理服务质量

新时代企业对就业人员提出了全新的要求，因此，学校的就业指导教师应密切关注就业市场的动态，掌握各行业对专业人才的要求；在外文等级、计算机等级、会计职业等级等领域形成市场要求指南，并及时反馈给学校相关部门，以便各专业教师能对标市场招聘要求，完善人才培养方案。教师在教学过程中要重视学生的综合实践能力，注重培养应用型人才，使学生能力与就业市场相匹配。学生就业心理指导工作涉及的部门很多，既涉及传统的招生办、就业办、创新创业办、户籍科、教务处，也和心理咨询中心、档案室、保卫处等部门密不可分。由于高职院校工作人员办公地点不集中，而毕业生办理相关事宜需要经过多个部门的审批，有时会出现办理多次都未能成功的情况，这是职能分工不明确带来的问题。此外，高职院校一些部门工作人员的水平不一，有些工作人员在面对学生询问时不能耐心聆听，态度差且解答内容含金量低，这些现象都会给毕业生带来负面情绪。基于此，高职院校应借鉴政府办公大厅的办事效率与服务态度，成立学生事务管理中心，在醒目的位置张贴办事指南，使具体流程一目了然，同时"一站式"暖心服务省去了毕业生来回奔波办理的烦恼。

（二）学校应厚植"课程思政"，健全就业心理指导组织架构

2018 年 9 月 10 日，全国教育大会上提出了思想政治工作是学校各项工作的生命线，把培育和践行社会主义核心价值观纳入教学环节，没有任何一名教育工作者、任何一门课程能够置身事外。教师应坚持立德树人，厚植"课程思政"，立足积极心理学理念，密切关注大学生的群体差异。春秋季是大学生心理问题的高发季节，有条件的高职院校可在每年春秋季节增加心理方面的专题讲座，加大对学生心理素质的培养力度。在"5·25 大学生心理健康日"，高职院校可借助学生更易接受的新媒体技术对学生开展心理测试、心理评估与心理干预，促进大学生身心健康发展。从课程设置而言，大学生心理健康教育是心理学专业的专业必修课。2018 年中共教育部党组印发了《高等学校学生心理健康教育指导纲要》，明确提出了要把心理健康教育课程纳入学校整体教学计划。因此，高职院校应面向全体大学生开设心理健康教育选修和辅修课程，实现全员覆盖教育的常态化。高职院校应健全"多级联防联控"就业心理指导组织架构（图 7-3-1），结合实际效果优化就业心理指导工作体系。例如，可以建立学校领导下的二级学院和就业单位一级反馈机制，二级领导体系由学院领导下的家庭、班级、公寓构成；三级领导体系是由单位、家庭、班级、公寓直接与学生对接，实时掌握学生动态，并视必要性向上级主管领导汇报，避免出现就业管理漏洞。

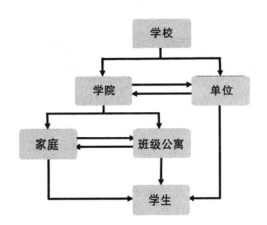

图 7-3　"多级联防联控"就业心理指导组织架构

（三）学校应开发心理普查和预警 App，加强心理危机干预

就业心理指导不是一朝一夕就能完成的，需要高职院校就业指导人员视不同年级、不同专业学生的具体情况实施分类指导，提出个性化的解决方案。学生在

就业过程中呈现出求职心理问题发生常态化和内容复杂化的趋势，这需要高职院校在日常教学工作中做好特殊时期、特殊群体的心理危机预防工作。高职院校需要完善心理测评方式，优化心理普查量表，结合 UPI（大学生人格问卷）、症状自评量表 SCL90（90 项症状清单）、SAS（焦虑自评量表）、SDS（抑郁自评量表）等对大学生进行测评，针对重点学生实施就业跟踪观察。有条件的高职院校信息中心可以借助新媒体技术，开发心理普查和预警 App（表 7-3-1），导入需要心理普查的目标人员信息，上传需要完成的普查任务类型，并设置完成任务所需时长。该 App 会根据学生的完成情况进行数据分析，并标记预警等级。其中预警等级分为红色、橙色、黄色、绿色四个等级，每个等级有三星、二星、一星，红色三星是需要特别关注的学生。若预警等级为绿色，则解读为毕业生当前比较适应单位环境，与同事关系良好。借助此 App，相关人员可以决定是否需要将学生测评结果反馈给上一级主管部门，必要时实施危机干预，解决学生求职过程中可能产生的心理问题。

表 7-1　某心理普查和预警 App 界面

序号	姓名	学号	专业	目标群体	任务类型	任务完成时长	完成情况	量表分析	预警等级
1	小明	Js123456	会计学	2021 届毕业生	SAS（焦虑自评量表）	20 分钟	部分完成	当前情绪偏负面等	橙色 ☆☆

（四）对高职大学生进行挫折教育，培养学生坚韧的性格

挫折教育是指在科学教育思想的指导下，根据受教育者的身心发展需要，创建人为困境，使受教育者遭受挫折，激发他们的潜能，从而使他们拥有应对挫折的能力、形成坚强意志的一种教育。一些毕业生在社会中遭遇很多挫折，心智却没有提升，但也有一些毕业生选择逃避，盲目考研或居家待业。针对此种情况，高职院校应该建立产教融合的实训基地，加强实践教学，在大学阶段组织学生进行实习，提高学生的实践能力，并从竞争压力、任务挑战、人际关系压力等角度出发，有控制地设计、安排挫折体验，培养学生坚韧的性格，为学生将来走上工作岗位奠定基础。

（五）对高职大学生实施人格教育，培养学生积极进取的态度

培养学生积极进取的态度是就业指导的关键。拥有积极人格特质的毕业生即使身处逆境，也有转败为胜的可能。开展积极人格教育可以从两方面入手：一是

以培育学生积极人格为导向，转变以消极心理学为理论根基的人格教育理念，重视学生积极人格培养工作，增进学生的积极体验，培养学生乐观、自信等积极人格品质；二是掌握与理解积极人格特质。引导大学生全面掌握与深刻理解积极心理学的六大美德及二十四种积极人格。

（六）引导学生全面客观地分析自我，做好充足的就业准备

学生自身存在的心理问题是阻碍其求职的重要因素。第一，为端正高职大学生就业心理，高职院校应从学生实际情况出发，加强学生心理健康教育，开展相应的就业心理辅导课程，帮助其调整自身心态，形成坚韧的品质。第二，高职院校应提升学生的个人竞争力，优化专业理论课程和实际操作课程教学，开展符合学生、社会需求的专业课程，提高学生的专业水平，帮助其顺利就业。第三，在高职大学生入学初期，高职院校应完善其职业生涯规划课程教学，引导学生学会自我优势分析、自我劣势分析，帮助其建立求职自信。教师在高职大学生职业生涯规划课程教学中要注重培养学生的就业兴趣，帮助其找寻所学专业未来的发展目标，了解所学专业的就业前景，防止学生出现就业迷茫问题。第四，高职院校教师在注重理论课程教学的同时，应加强学生实际操作能力的培养，提高学生自主实践能力和环境适应能力，帮助其将理论知识与实践有效结合，进而增强学生的自信心，防止其出现自卑、焦虑等负面心理，为其毕业求职夯实基础。

（七）开展高职大学生面试求职技能训练

充分做好事前准备，让高职大学生因挫折而产生的不良情绪得到有效减轻。就业心理训练通过为高职大学生创设真实的就业环境，有效地提高他们的就业心理素质，使他们在面试中出现的恐惧、忧虑心理等得到有效缓解，避免出现低迷自卑和丧失信心的状况，促使他们坦然面对就业过程中遇到的挫折，做好相应的就业准备。常见的就业心理训练方法包括以下几种。

1. 社会实践法

在高职大学生入学后，应在每个学期期末对其进行相应的实训实习，实训场地为同学校签订实习合作协议的企业，这样便于学生在企业中进行相应的观摩和交流等，能够真正地感受到日后工作的环境和内容，便于学生形成良好的社会型品质和技能等；与此同时，高职院校相关工作人员应组织优秀毕业生交流会，往届毕业生同在校学生一脉相承，相似性较多，不管是生活环境还是师生关系均具有一定的内在倾向性，让往届毕业生对自身成长成功的经验体会、职业历程和失

败教训等进行讲解，能够使在校学生在无形中提升自我就业效能感，并将职业精神、素养等具有一定共性的东西很好地提炼出来。

2. 模拟面试法

高职大学生求职失败的主要原因是缺乏一定的面试能力和技巧等，因此，高职院校相关工作人员可以在校园内建立模拟面试工作坊，让部分用人单位的相关人士负责对学生开展一对一、无领导小组讨论、结构化面试等模拟面试，在这个过程中做好录像。面试结束后，邀请专家对录像内容进行点评，以便于学生尽早发现自身在面试中出现的问题，并采取有针对性的措施加以弥补和纠正。

3. 简历诊断法

高职大学生入职的前提和基础为优秀的简历，因此高职大学生在写出简历后可自行修改几遍，之后让数名同学对自己的简历进行指点和讨论等，最后将简历交给职业指导老师进行修改，根据这些修改建议整理自身简历，直至满意。简历这个敲门砖在入职时具有一定的份量，其能达到私人定制的效果。另外，通过举办简历制作大赛等活动，让学生在这一活动中体验成功。

三、家庭方面

（一）家长应及时转变就业观念

家长应该尊重子女的选择，让子女有自己选择职业的权利，不能有功利性地在子女身上强加自己的期望，当子女有困惑时，家长应给出合理的建议及帮助。

（二）必须要重视家庭教育

即使是独生子女，家长也要严格管教，不能溺爱，让子女学会换位思考。另外，家长应坚持做到自我提升，努力学习新知识，跟上时代步伐，与子女的心理距离更近一些，了解他们的就业心理。

四、个人方面

（一）要有正确的自我认知和自我评价

高职大学生对自己的优缺点要有正确的理解，与此同时，还要能客观去评估自己。尤其作为高职毕业生更加有必要客观分析自己的优劣势，作出正确的就业选择。高职毕业生在毕业季将面临前所未有的巨大挑战。高职毕业生要考虑以下问题：该工作是否适合自身的能力？该工作内容是否与自己的兴趣爱好、业务素质有密切联系？只有在自我评估是客观的、正确的情况下，才能使社会需要得到更好的整合，自己也能更好地开展学习。

（二）要保持良好的心态和正确的职业价值观

目前，在高职大学生求职中都在以高薪资职业为目标，这是一种普遍现象，他们在选择就业方向及就业地点时都是以自身利益为出发点的。出现这种现象，实际上是提醒高职院校教育工作者要履行好"教书育人"的职责，积极引导高职大学生树立正确的职业价值观。在课堂上采取多种方式提前为学生做职业引导，让学生清楚社会需要的是什么样的人才，在此基础上对学生开展有效的就业指导，这对学生树立正确的职业选择观有着重要的意义。

参 考 文 献

[1] 束梦雅. 积极心理学视野下的高职大学生心理健康教育路径 [J]. 才智，2022（1）：98-100.

[2] 王元，周留军. 高职大学生学习倦怠与心理健康的关系——应对方式的中介作用 [J]. 黑龙江科学，2021，12（24）：159-162.

[3] 廖文娜，罗向晗，孙永鹏. 微课在高职"大学生心理健康教育"课程应用效果的实证研究 [J]. 广东开放大学学报，2021，30（5）：88-93.

[4] 王丽，兰小彬. 生命教育视域下高职大学生心理健康教育课程建设路径探究 [J]. 产业与科技论坛，2021，20（20）：133-134.

[5] 李顺利. 高职大学生心理健康教育状况分析与对策 [J]. 现代职业教育，2021（43）：76-77.

[6] 陈琴. 基于心理健康双因素模型的高职大学生心理危机干预模式的探究 [J]. 中国多媒体与网络教学学报（中旬刊），2021（8）：190-193.

[7] 程宝珏. 高职大学生积极心理品质对心理健康的意义与养成方法研究 [J]. 大学，2021（29）：152-154.

[8] 李静，晏祥辉. 留守经历对大学生心理健康的影响——以安徽省某高职院校为例 [J]. 九江学院学报（自然科学版），2021，36（2）：15-19.

[9] 黄婕，叶璐杨. 抗疫背景下高职《大学生心理健康教育》线上体验式课程构建与效果分析 [J]. 高教学刊，2021，7（13）：33-35；41.

[10] 周海丽，陈盈. 疫情防控期"四位一体"的心理健康服务体系对高职大学生心理健康的影响 [J]. 南方论刊，2021（5）：96-100.

[11] 谢芳，朱磊. 新时代下高职大学生心理健康素养提升路径探究 [J]. 齐齐哈尔师范高等专科学校学报，2021（1）：94-95.

[12] 王学红，任密密. 高职大学生心理健康状况调查研究 [J]. 中国多媒体与网络教学学报（中旬刊），2021（1）：218-220.

[13] 柳媛媛. 高职大学生心理健康教育课程的实施探索 [J]. 成才之路,2020(29):
     10–11.

[14] 王菊梅,保云."三全育人"视域下高职院校大学生心理健康影响因素研究
     [J]. 产业与科技论坛,2020,19（20）：102–103.

[15] 郭蒙蒙,陆吉瑞. 高职大学生心理健康问题成因及对策分析 [J]. 中外企业
     文化,2020（10）：69–70.

[16] 吕泊怡,赵智军. 新冠肺炎疫情下高职院校大学生心理健康状况的调查与
     分析 [J]. 教育科学论坛,2020（27）：76–80.

[17] 孟令安,陈博,丁建云,等. 高职大学生心理健康状况及影响因素研究 [J].
     大陆桥视野,2020（9）：110–111.

[18] 黄玲玲,周旭,钱媛媛,等. 上海市某高职大学生手机依赖性与心理健康
     状况的关系 [J]. 职业与健康,2020,36（18）：2563–2566.

[19] 乔雅慧. 互联网时代高职大学生心理健康课程的思政思考 [J]. 传播力研究,
     2020,4（22）：84–85.

[20] 彭志华. 高职院校"00后"大学生心理健康素养及获得感调查研究——以
     柳州城市职业学院为例 [J]. 太原城市职业技术学院学报,2020（7）：128–
     130.

[21] 黄恰恰,李小慧,张嘉敏. 新媒体环境下短视频应用对高职大学生心理健
     康的影响研究——以抖音、快手为例 [J]. 西部素质教育,2020,6（14）：
     83–85.

[22] 娄堃. 新媒体环境下高职大学生心理健康教育课程的教学改革研究 [J]. 传
     播力研究,2020,4（20）：158–159.

[23] 锁冠侠,薛小明. 探析高职大学生心理健康教育的路径选择与诊改要素 [J].
     高教学刊,2020（20）：45–48.

[24] 许芬."互联网＋"模式下高职院校大学生心理健康现状调查及对策分析 [J].
     科学咨询（科技·管理）,2020（7）：115.

[25] 甘良梅. 留守经历对高职大学生心理健康的影响研究 [J]. 太原城市职业技
     术学院学报,2020（5）：144–146.

[26] 崔灿. 新时期高职大学生心理健康教育模式的建构 [J]. 心理月刊,2020,
     15（12）：70.

[27] 刘海波，毋炳炫. 高职大学生心理健康及体育教学优化对策 [J]. 知识文库，2020（10）：93-94.

[28] 娄堃. 高职院校大学生心理健康教育的创新发展研究 [J]. 传播力研究，2020，4（14）：166-167.

[29] 锁冠侠，薛小明. 高职大学生心理健康教育诊改的特性与路径探析 [J]. 现代职业教育，2020（13）：139-141.

[30] 王琳娜. 基于新媒体的高职大学生心理健康教育探究 [J]. 吕梁教育学院学报，2020，37（1）：7-8；45.